Tucholsky Wagner Zola Scott Sydow Freud Schlegel
Turgenev Wallace Fonatne
Twain Walther von der Vogelweide Fouqué Friedrich II. von Preußen
Weber Freiligrath
Fechner Weiße Rose von Fallersleben Kant Ernst Frey
Fichte Richthofen Frommel
Engels Fielding Hölderlin
Fehrs Faber Flaubert Eichendorff Tacitus Dumas
Eliasberg Ebner Eschenbach
Feuerbach Maximilian I. von Habsburg Fock Eliot Zweig
Ewald Vergil
Goethe Elisabeth von Österreich London
Mendelssohn Balzac Shakespeare
Lichtenberg Rathenau Dostojewski Ganghofer
Trackl Stevenson Doyle Gjellerup
Mommsen Tolstoi Hambruch
Thoma Lenz Hanrieder Droste-Hülshoff
Dach Verne von Arnim Hägele
Reuter Hauff Humboldt
Karrillon Garschin Rousseau Hagen Hauptmann Gautier
Defoe Baudelaire
Damaschke Hebbel
Descartes Hegel Kussmaul Herder
Wolfram von Eschenbach Schopenhauer
Darwin Dickens Rilke George
Bronner Melville Grimm Jerome
Campe Horváth Aristoteles Bebel Proust
Bismarck Vigny Barlach Voltaire Federer Herodot
Gengenbach Heine
Storm Casanova Tersteegen Grillparzer Georgy
Chamberlain Lessing Langbein Gilm Gryphius
Brentano Lafontaine
Strachwitz Claudius Schiller Kralik Iffland Sokrates
Bellamy Schilling
Katharina II. von Rußland Gerstäcker Raabe Gibbon Tschechow
Löns Hesse Hoffmann Gogol Wilde Vulpius
Luther Heym Hofmannsthal Klee Hölty Morgenstern Gleim
Roth Heyse Klopstock Puschkin Homer Kleist Goedicke
Luxemburg La Roche Horaz Mörike Musil
Machiavelli Kierkegaard Kraft Kraus
Navarra Aurel Musset
Nestroy Marie de France Lamprecht Kind Kirchhoff Hugo Moltke
Nietzsche Nansen Laotse Ipsen Liebknecht
Marx Ringelnatz
von Ossietzky Lassalle Gorki Klett Leibniz
May vom Stein Lawrence Irving
Petalozzi
Platon Pückler Knigge
Sachs Poe Michelangelo Kock Kafka
Liebermann Korolenko
de Sade Praetorius Mistral Zetkin

Der Verlag tredition aus Hamburg veröffentlicht in der Reihe **TREDITION CLASSICS** Werke aus mehr als zwei Jahrtausenden. Diese waren zu einem Großteil vergriffen oder nur noch antiquarisch erhältlich.

Symbolfigur für **TREDITION CLASSICS** ist Johannes Gutenberg (1400 — 1468), der Erfinder des Buchdrucks mit Metalllettern und der Druckerpresse.

Mit der Buchreihe **TREDITION CLASSICS** verfolgt tredition das Ziel, tausende Klassiker der Weltliteratur verschiedener Sprachen wieder als gedruckte Bücher aufzulegen – und das weltweit!

Die Buchreihe dient zur Bewahrung der Literatur und Förderung der Kultur. Sie trägt so dazu bei, dass viele tausend Werke nicht in Vergessenheit geraten.

Philosophie und Okkultismus

Hanns Freiherr von Gumppenberg

Impressum

Autor: Hanns Freiherr von Gumppenberg
Umschlagkonzept: toepferschumann, Berlin

Verlag: tradition GmbH, Hamburg
ISBN: 978-3-8424-9018-5
Printed in Germany

Text der Originalausgabe

Hanns von Gumppenberg

Philosophie und Okkultismus

PHILOSOPHISCHE REIHE
HERAUSGEGEBEN VON DR. ALFRED WERNER
17. BAND

PHILOSOPHIE
UND
OKKULTISMUS

*

VON

HANNS VON GUMPPENBERG

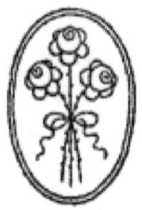

1 9 2 1

RÖSL & CIE. / MÜNCHEN

Wir sind solcher Stoff wie der zu *Träumen*

Shakespeare-Prospero im »Sturm«

So schaff ich am sausenden Webstuhl der Zeit
Und wirke der Gottheit lebendiges Kleid.

Der Erdgeist in Goethes »Faust«

Den Menschen ist ein streng gesetzmäßig arbeitender Mechanismus der Geistestätigkeit natureigen, dessen Gebrauch zwar beim einzelnen Individuum oder im einzelnen Fall allerlei Hemmungen oder Störungen erfahren kann, der aber nichtsdestoweniger in allen Individuen gleichförmig ist und bei vollentsprechender Anwendung jedem dieselben Ergebnisse liefert. Dieser geistige Mechanismus ist das Denken im Sinne der formalen Logik, das Denken als allgemein-menschliches Erkenntnismittel, als dasjenige, was den jeweiligen Inhalt unseres Bewußtseins oder Selbstbewußtseins begreifend, urteilend und schließend erfaßt, prüft und ordnet. Wäre nicht dieses logische Begreifen, Urteilen und Schließen p o t e n t i - e l l , als natürliche Möglichkeit, als entwicklungsfähige Anlage in allen »geistig gesunden« (das heißt: nicht gehirnkranken) Menschen gleichförmig vorhanden, so könnte keine intellektuelle Verständigung irgendwelcher Art unter den menschlichen Individuen erfolgen; überhaupt jeder Gedankenaustausch, jede Belehrung, jede menschliche Wissenschaft wäre dann ausgeschlossen.

Soll aber zustande kommen, was allein den Ehrennamen einer Wissenschaft verdient, so muß immer erst die Bedingung erfüllt sein, daß diejenigen, die das betreffende Gebäude wissenschaftlicher Erkenntnis errichten, im Gegensatz zu der Mehrheit ihrer Gattungsgenossen sich der menschlichen Denkgesetze klar und kontinuierlich bewußt sind und sie beim Legen jedes neuen Bausteins exakt zur Anwendung bringen. Auch was unter dieser Voraussetzung einwandfrei aufgebaut wird, kann freilich immer nur m e n s c h l i c h e Wissenschaft bedeuten, wenigstens nicht mit S i - c h e r h e i t mehr. Völlig ausgeschlossen ist seine Identität mit kosmischer All-Wahrheit. Ein solches kosmisches »Allwissen« wäre nicht bloß dem G r a d e , sondern auch der A r t nach von vollkommener menschlicher Erkenntnis verschieden, denn es dürfte nicht wie diese als geistige Erfassung eines gegebenen »G e g e n - s t a n d e s« gedacht werden, sondern als etwas, in dessen unmittelbarer Vertrautheit oder vielmehr I d e n t i t ä t mit allem Bestehenden Wissendes und Gewußtes einunddasselbe sind. Über die Unerreichbarkeit eines d e r a r t i g e n Wissens, das kein Objekt und kein Subjekt kennt, für das weder erkanntes Objekt noch erkennendes Subjekt existiert, kann sich der menschliche Erkenntnistrieb freilich ohne weiteres trösten, und zwar deshalb, weil er eine absolute Wahrheit s o l c h e r Art naturgemäß (als ein Bereicherungstrieb der menschlichen S u b j e k t e) gar nicht anstrebt und auch gar nicht anstreben kann. «Was er begehrt, ist vielmehr nur, daß wir mittels denkender Untersuchung und Ordnung der gegebenen Objekte unseres Bewußtseins zu einer absolut richtigen Auffassung unserer äußeren und inneren Vorstellungswelt, das heißt: der uns vorliegenden »objektiven Projektion« des Seins gelangen sollen, also zu einer Auffassung dieses unserem Erkennen gegebenen »Gesamtobjekts«, die nicht nur generell für uns Menschen, sondern auch universell, auch für jede gedachte a n d e r e Gattung von Beurteilern desselben Objekts durchaus richtig und wahrheitsgemäß wäre. Leider haben wir keine bestimmte Gewähr dafür, daß auch nur dieser bescheidenere Wunsch Erfüllung finden kann. Es fehlt uns jedes brauchbare Beweismittel dafür, daß eine völlig richtige Anwendung unseres logischen Urteilens und Schließens auf die außer uns und in uns als Denkobjekte gegebenen Vorstellungen, also auf das, was uns als »Welt« erscheint, uns diese unsere Welt genau so zeigt, wie sie auch jedem n i c h t m e n s c h l i c h e n Intellekt, der, an unsere Stelle verseht, sich mit d e r s e l b e n »Welt als Bewustseinsobjekt« denkend abgäbe, im Falle durchaus richtiger Anwendung s e i n e r Erkenntnismittel sich darstellen müßte. Aber so wenig wir dessen sicher sein können, so sehr müssen wir uns vor der pessimistischen Behauptung hüten, daß die durch völlig korrekte Anwendung unserer Logik gewonnene Erkenntnis von jenen angenommenen, an gleiche Stelle versetzten nichtmenschlichen Intellekten Lügen gestraft werden m ü ß t e. Das wissen wir ebensowenig. Mit Sicherheit behaupten läßt sich vielmehr nur das Eine: daß es für alle Menschen mit gesundem Gehirn, die zum vollbewußten und richtigen Gebrauch ihres natürlichen Denkvermögens vorgeschritten sind, auf überhaupt j e d e Frage d i e s e l b e eindeutig bestimmte Antwort m e n s c h l i c h e n Erkennens gibt. Hieran rütteln auch K a n t s »Antinomien der reinen Vernunft« nicht, die von einander widersprechenden und dennoch logisch gleichberechtigten Antworten unseres spekulativen Denkens auf die letzten Daseinsfragen überzeugen wollten; denn bei den vier Beweispaaren, die der »Alleszertrümmerer« da vorführte, läßt sich entweder nur der e i n e Beweis als logisch einwandfrei anerkennen, oder es sind b e i d e Beweise anstreitbar infolge einer unzulässigen, für die Lösung der betreffenden Probleme nicht brauchbaren Deutung der dabei in

Frage kommenden Begriffe »Freiheit«, »Notwendigkeit«, »Weltursache« u. a. m. Für die einwandfrei angewandte menschliche Logik ist »die Welt ohne Anfang und ohne Grenzen im Raume« und »besteht kein zusammengesetztes Ding in der Welt aus einfachen Teilen«; und Kants einander widersprechende logische Entscheidungen der Fragen nach Freiheit oder Notwendigkeit und nach der Existenz eines »schlechthin notwendigen Wesens«, sei es nun »als eines Teiles der Welt oder als deren Ursache«, zeigen nur verschiedene Betrachtungsweisen eines an sich logisch Eindeutigen, also relative Auffassungen Einunddesselben von verschiedenem Standpunkt aus, die sehr wohl nebeneinander und gegeneinander bestehen können, ohne an der Leistungsfähigkeit unseres Denkens irre zu machen.

Gegenstand einer menschlichen Wissenschaft, dasjenige, was von ihr »erkannt« oder »erklärt« werden soll, ist entweder die Gesamtheit der menschlichen Erfahrungswelt oder nur eine gleichartige Gruppe von Bewußtseinsobjekten der äußeren oder der inneren menschlichen Erfahrung. Wie demnach der Gegenstand der einzelnen menschlichen Wissenschaften verschieden ist, wenn auch nur im Sinne einer Arbeitsteilung und mit gemeinsamen Grenzgebieten, wo sie ineinander übergreifen können, so sind auch die prinzipiellen Voraussetzungen – die gläubig hinzunehmenden Grund-Axiome – wenigstens bei Gruppen von ihnen verschieden und ist das angestrebte Ziel bei jeder von ihnen ein anderes. Allen »Einzelwissenschaften« (das heißt: allen Wissenschaften, die nicht die Gesamtheit der menschlichen Erfahrungswelt zum Gegenstand haben) ist gemeinsam, daß sie die betreffende Gruppe von gleichartigen Bewußtseinsobjekten nur auf einfachere, leichter begreifbare Bewußtseinsobjekte derselben Art kausal erklärend zurückführen wollen. So forscht beispielsweise die analytische Chemie nach den einfachsten materiellen Substanzen (»Elementen«) und letzten Endes nach der materiellen Substanz (dem »Ur-Element«), aus welchen beziehungsweise aus dem die materiellen Erfahrungssubstanzen bestehen; die Möglichkeit aber, daß den von ihr untersuchten Erfahrungssubstanzen überhaupt nichts Stoffliches, sondern etwa nur ein System objektiv wirklicher »Energien« ursächlich zugrunde läge, oder daß sie überhaupt nur aus subjektiven Vorstellungen (Illusionen) oder sonst einem nicht objektiv

Wirklichen, Immateriellen bestehen könnten, wird bei ihren Bemühungen gar nicht in Betracht gezogen, weil sie, wenn eine dieser Möglichkeiten zuträfe, sofort als Wissenschaft gegenstandslos wäre. Sie setzt einfach die Realität »der Materie« als Gewißheit voraus, wie wenn nicht auch diese erst noch des Nachweises bedürfte. Auch die übrigen »Naturwissenschaften« haben die Wirklichkeit der äußeren Erfahrungswelt mindestens im Sinne objektiv wirklicher Kräfte zur dogmatischen (und für sie unentbehrlichen) Voraussetzung. Dabei kann aber, woran nochmals nachdrücklich erinnert sei, überhaupt jede menschliche Wissenschaft die Feststellungen in ihrer Sondersphäre n u r   m i t t e l s   d e r   u r t e i l e n d e n   u n d   s c h l i e ß e n d e n   m e n s c h l i c h e n   L o g i k machen, deren Gesetze somit erste und oberste Voraussekung überhaupt j e d e r menschlichen Wissenschaft sind. Die s o n s t i g e n dogmatischen Voraussetzungen wie auch die besondere Aufgabe einer jeden einzelnen Wissenschaft lassen aber bei sämtlichen E i n z e l wissenschaften die Anwendung der Logik n u r   i n n e r h a l b   b e - s t i m m t e r   G r e n z e n zu. Die einzige menschliche Wissenschaft, die ohne andere Voraussetzung als der Gesetze der Logik erfahrungsmäßig Gegebenes zu ergründen sucht und dabei diese Gesetze v ö l l i g   u n b e g r e n z t zur Anwendung bringt, ist die (echte und eigentliche, von persönlicher Willkür, Phantasiebeimengungen und Verquickung mit anderen Wissenschaften sich frei erhaltende) P h i l o s o p h i e . Sie hat überhaupt a l l e menschlichen Bewußtseinsobjekte der äußeren wie auch der inneren Erfahrung, also die G e s a m t h e i t der menschlichen Erfahrungswelt zum Gegenstand und die Aufgabe, alle diese Bewußtseinsobjekte a u f   i h r e n   W a h r h e i t s w e r t   z u   u n t e r s u c h e n ,   a l s o   d a s   w a h r e   W e s e n   d e r   E r f a h r u n g s w e l t klarzulegen. Die Sonderstellung der Philosophie gegenüber den übrigen Wissenschaften wurde zwar oft genug bestritten, namentlich in der Blütezeit des Materialismus, wo man sie nur als eine Art »Sammelstelle« der naturwissenschaftlichen Ergebnisse gelten ließ; und ebenso bedeutete es eine Verkennung ihres Wesens, wenn man die (reine, theoretische) M a - t h e m a t i k als einen Zweig von ihr, eine »Philosophie der Größenbegriffe« auffaßte. Denn die reine Mathematik kümmert sich als solche weder um die Frage, was die menschliche Erfahrungswelt »in Wahrheit ist«, noch auch im besonderen darum, was die (menschlichen) Größenbegriffe »in Wahrheit sind«: sie stellt nur alle

Eigenschaften dieser Begriffe fest, sondert ihre logisch richtigen Verbindungen von logisch unzulässigen und löst auch die kompliziertesten Zusammensetzungen von Größenbegriffen in einfachere, unmittelbar faßliche Größenbegriffe auf, die mit ihnen identisch sind. Nicht weniger unglücklich ist die Idee, die Mathematik zum G e g e n s t a n d einer philosophischen, das heißt: reinlogischen Prüfung und Beurteilung machen zu wollen, ist doch die (reine) Mathematik selbst eine freie geistige Schöpfung der reinen Logik, sodaß eine nochmalige Prüfung durch ebendiese reine Logik vollkommen müßig und sinnlos ist. Ebensowenig wie die Mathematik können die E r f a h r u n g s p s y c h o l o g i e, die E t h i k oder die L o g i k für im e i g e n t l i c h e n Sinne p h i l o s o p h i s c h e Wissenschaften gelten. Die E r f a h r u n g s p s y c h o l o g i e führt nur die unmittelbar gegebenen, komplizierteren Erfahrungstatsachen des inneren menschlichen Ichs auf einfachere, leichter faßbare, aber gleichfalls der inneren oder äußeren Erfahrungswelt angehörende Ursachen zurück, läßt also das »wahre Wesen« der Erfahrungswelt im allgemeinen und des inneren Erfahrungsichs im besonderen ganz außer Betracht; die E t h i k als die Wissenschaft von dem, was der Mensch (vernünftiger- oder sittlicher- oder zweckmäßigerweise) w o l l e n s o l l, ist entweder (wie in Kants »praktischer Vernunft«) völlig u n a b h ä n g i g von philosophischer Welterkenntnis, oder sie ist nur e i n e p r a k t i s c h e N u t z a n w e n d u n g von dieser, also in beiden Fällen nicht s e l b s t Philosophie; die L o g i k aber ist nur die menschliche Formulierung des gesetzmäßigen Denkens, also des geistigen Werkzeugs, m i t t e l s d e s - s e n p h i l o s o p h i s c h e E r k e n n t n i s g e w o n n e n w e r - d e n k a n n, nicht aber s e l b s t solche philosophische Erkenntnis. Man rechnete all das wohl der I m m a t e r i a l i t ä t d e s G e g e n - s t a n d e s halber zur Philosophie; allein die (echte) Philosophie ist nicht einfach Wissenschaft vom Immateriellen, wie viele Kurzsichtigen meinen. Sie ist nicht einfach Wissenschaft vom »wahren (immateriellen) Wesen« des M a t e r i e l l e n, sondern auch vom »wahren Wesen« des I m m a t e r i e l l e n der menschlichen Erfahrung, nicht nur Wissenschaft von dem, was sich »hinter der materiellen Natur« verbirgt, sondern auch von dem, was hinter den i m m a t e - r i e l l e n Objekten unseres Bewußtseins, hinter unserer seelischen und gedanklichen Welt steckt; nicht nur »Metaphysik« ist sie, sondern auch »Metapsychik«.

Aber nicht genug damit, daß von jeher das Verschiedenartigste für Philosophie gehalten wurde, das wenig oder gar nichts mit der echten und eigentlichen philosophischen Wissenschaft gemein hatte und keinen Anspruch darauf erheben konnte, selbständig neben den Einzelwissenschaften, ja wegen des umfassenden Gegenstandes und der vorurteilsfreien Gründlichkeit der Untersuchung ü b e r ihnen respektiert zu werden: auch innerhalb jener Bestrebungen, die in neuerer und neuester Zeit für echtphilosophisch gelten konnten, gab es nur allerlei voneinander abweichende, ja einander widersprechende Philosophien mit ihren Anhängern und Gegnern, doch nicht die eine, einzige, bewiesenermaßen und anerkanntermaßen »richtige« philosophische Wissenschaft, obschon es diese ganz ebenso geben muß wie etwa die eine und einzige, wissenschaftlich beglaubigte, wenn auch weiterer Ausbaus fähige Mathematik. Es würde die Grenzen dieser Schrift weit überschreiten, wollte sie das Bild der heillosen Verwirrung entrollen, der die philosophischen Studien infolge allzu liberaler und indifferenter Duldsamkeit anheimfielen. Fast überall ist die »Universitätsphilosophie« zur bloßen Pflege einer geschichtlich-beschaulichen, auf strengere Kritik des Wahrheitsgehalts verzichtenden Kennzeichnung all der buntverschiedenen Spekulationen vom Altertum bis zur Gegenwart geworden, oder zur ebenso unfruchtbaren Propagierung eines einzelnen philosophischen Systems, dem andere, von akademisch nicht minder akkreditierten Philosophen mit gleichem Eifer verteidigte Systeme den Wahrheitswert aberkennen. Trotzdem ist der radikale Pessimismus gegenüber der Leistungsfähigkeit des philosophischen Denkens, wie er in den letzten Jahrzehnten so allgemein laut wurde, keineswegs berechtigt. Mochten auch die offiziellen Vertreter der Philosophie an unseren Hochschulen die unbedingt nötige Scheidung des logisch Einwandfreien vom Unhaltbaren vernachlässigen: möglich bleibt diese scharfe Trennung und Auslese dennoch. Man braucht sie nur zu wagen. Es läßt sich sehr wohl ein logischer Gedankenbau errichten, der wissenschaftliche Achtung verdient und an dem alle bedeutenderen spekulativen Systeme der Vergangenheit reichlichen Anteil haben, wenngleich sie im übrigen durch nachweisbare Denkfehler von ihm abwichen. Nur diese eine und einzige, von fremdem Ballast freie, logisch konsequente und nachprüfbare Philosophie kann für unsere Ausführungen in Betracht kommen. Sie bleibt zunächst auf elementare Feststellungen beschränkt, kann aber diese mit wissenschaftlicher Sicherheit vertreten, ja mit ungleich größerer Sicherheit als die im Glauben an die Realität alles materiell Objektiven befangene Naturwissenschaft die ihren, übrigens ist der Glaube an den substantiellen Vorrang des materiellen Objekts, den die Naturwissenschaft nicht entbehren kann, in jüngster Zeit bekanntlich arg ins Wanken geraten, und zwar durch eigenste Schuld der Naturforscher, die nun ihrerseits über die logischen Grenzen ihres Forschungsbereichs auf metaphysisches Gebiet vordrangen, wo alles naturwissenschaftliche Denken sich sachgemäß in Widersprüche verwickeln muß: ganz wie vorher die Philosophie durch Aufnahme naturwissenschaftlicher Elemente in die Spekulation den festen Halt verlor. Solche logisch unberechtigten Grenzüberschreitungen nützen weder der Erfahrungswissenschaft noch der Philosophie; erstere wird auch ohne Zweifel bald wieder aus der unheimlichen Fremde auf ihren gewohnten »festen Boden« zurückflüchten, wo es noch genug Ersprießliches für sie zu schaffen gibt.

Ohne die Vorurteile der Naturwissenschaften, ohne die Unselbständigkeit oder Bestreitbarkeit dessen, was für philosophisches Wissen galt, und ohne die aus beiden folgende Ratlosigkeit wäre wohl nie der O k k u l t i s m u s als besonderer Forschungszweig entstanden. Die Phänomene, mit denen er sich befaßt und deren Wesen er experimentell zu ergründen sucht, schienen den (relativ richtigen) Erkenntnissen der Naturwissenschaften zu widersprechen und widersprachen tatsächlich ihren (in einem höheren Sinne unrichtigen) dogmatischen Voraussetzungen und der »Weltanschauung«, zu der sie (logisch unberechtigterweise) ihre (notwendigerweise einseitige) Auffassung der Erfahrungsdinge erweitert hatten; jene Phänomene wurden daher von ihnen ohne Prüfung als Unsinn, als Betrug oder Selbsttäuschung ignoriert, mochten sie auch noch so einwandfrei nachgewiesen sein; und die verschiedenen, durch naturwissenschaftliche Beimischungen oder eigenste Irrtümer von der logischen Triftigkeit abgelenkten Philosophien standen auch den fraglichen Beobachtungen in so verschiedenem Sinne gegenüber, daß die wissenschaftlich ernsthaften Männer, die sich die Erforschung der »okkulten« Dinge und Vorgänge zur Aufgabe machten, auch im Falle eigener Neigung zum Anschluß an das philosophische Denken nicht hoffen konnten, von dieser Seite eine feste

Basis für ihre Arbeit zu gewinnen. Sie sahen sich daher genötigt, in gänzlicher Isoliertheit ihre Bestrebungen als eine neue Spezialwissenschaft zu proklamieren. Allein auch die äußere Unabhängigkeit dieser einsamen Sonderstellung brachte dem neuen Forschungszweig keinen wesentlichen Gewinn und keine innere Freiheit von der materialistischen Naturwissenschaft. Als Erfahrungswissenschaft hielt der Okkultismus in seinem selbstverständlichen Verlangen nach Anerkennung durch weitere Kreise und in berechtigtem Grauen vor der Unsicherheit und Divergenz des zeitgenössischen Philosophierens schließlich wenigstens an den M e t h o d e n des grobmateriell-naturwissenschaftlichen Experiments fest, auch wo die Art der Phänomene deren Zuständigkeit ausschloß und neue Wege erforderlich waren, deren Auffindung nur durch tieferen philosophischen Einblick in das Wesen der betreffenden Erscheinungen vermittelt werden konnte. Infolgedessen kamen die okkultistischen Forscher trotz heißen Bemühens in der Beobachtung der Phänomene nicht weiter, als die experimentierende Naturwissenschaft an ihrer Stelle gekommen wäre, sie blieben als Erklärer des Beobachteten in deren dogmatische Schranken gebannt und nahmen an ihrem Irrtum teil, das Wesen der Vorgänge mit seiner Projektion auf die »grobmaterielle Ebene« zu identifizieren.

Im Folgenden sollen die Aufschlüsse angedeutet werden, die das reine spekulative Denken über die »okkulten« Dinge und Vorgänge zu geben vermag, und durch deren Berücksichtigung und wenigstens hypothetische Verwerfung der Okkultismus erst zu einer wahrhaft selbständigen Erfahrungswissenschaft neben den Naturwissenschaften werden kann. Vorher ist aber der Begriff »Okkultismus« noch gegen verwandte Bestrebungen abzugrenzen und der Gegenstand seiner Forschung näher zu bezeichnen. Nach dem buchstäblichen Sinn des Wortes wäre »Okkultismus« die Wissenschaft vom »Verborgenen«. Verborgen ist aber auch den Naturwissenschaften auf ihrem eigensten Gebiete noch sehr viel Elementarstes; es sei beispielsweise nur auf das Problem der Entstehung des organischen Lebens hingewiesen, dessen Lösung der naturwissenschaftlichen Forschung noch nicht annähernd gelungen ist, aber vom Okkultismus gar nicht angestrebt wird. Und ebenso ist den Geisteswissenschaften noch vieles ein Geheimnis, um dessen Enthüllung er sich ebensowenig bekümmert. Es handelt sich also nicht um all das, was den übrigen Wissenschaften verborgen blieb, sondern nur um jene Gruppe von Erscheinungen mehr oder minder metaphysischen Charakters, für welche die Naturwissenschaft keine Erklärung hat, ja die im Widerspruch mit den von ihr formulierten Naturgesetzen zu stehen scheinen. Hierzu gehören vor allem die » m e d i u m i s t i s c h e n « Manifestationen. Man versteht darunter irgendwie sinnenfällige Kundgebungen rätselhafter persönlicher »Intelligenzen« (der englische Okkultist Crawford, der wie Zöllner und Crookes den Mut hatte, als Physikprofessor sich der Erforschung medialer Erscheinungen zuzuwenden, nennt sie neuerdings »Operatoren«), die mit dem b e w u ß t e n Ich lebender Menschen, anwesender wie auch abwesender, n i c h t i d e n t i f i z i e r t werden können, durch Vermittlung eines bekannten und anwesenden lebenden Menschen, den man »Medium« genannt hat (medium lat. = »das Mittlere«, »das V e r m i t t e l n d e «). Bei den meisten Arten von mediumistischen Phänomenen läßt sich deutlich beobachten,, daß diese Vermittlung durch eine Feinmaterie erfolgt, die unmittelbar vor dem Auftreten der Erscheinungen aus dem Körper des »Mediums« (bei schwächeren Phänomenen aus den Händen oder Füßen, bei stärkeren aus dem Mund, Kopf oder Rumpf) ausströmt, d o c h i n e i n e m g e w i s s e n o r g a n i s c h e n Z u s a m m e n h a n g m i t d i e s e m l e b e n d e n K ö r p e r b l e i b t und, worauf viele Beobachtungen schließen lassen, beim Aufhören der Phänomene wieder in den Körper des Mediums zurückkehrt. Diese Feinmaterie (die man übrigens auch »mediale Kraft«, »mediales Fluidum«, »Od« u. a. m. nannte) ist in ihrem gewöhnlichen Dichtigkeitsgrad nur »Sensitiven« (Menschen mit abnormer Reizbarkeit der Sinne) wahrnehmbar, die sie dann als kalten Hauch fühlen und als leuchtenden Nebel sehen; bei stärkerer Verdichtung wird sie aber auch für Menschen von normalem Sensorium sichtbar und fühlbar. Was über ihre Eigenschaften und namentlich über die Art ihrer Wirksamkeit von der neueren okkultistischen Forschung festgestellt wurde, kann hier nicht ausführlich wiedergegeben werden und ist auch für den Zweck dieser Schrift nicht von wesentlichem Belang; wer sich darüber unterrichten will, findet eine Zusammenstellung besonders interessanter Beobachtungen der Okkultisten Crawford, Professor Ochorowicz (Warschau), Dr. Geley (Paris) und Dr. Freiherr von Schrenck-Notzing (München) in dem kürzlich erschienenen Buche des Letztgenannten »Physikalische Phänomene des Mediumismus« (München 1920, bei Ernst Reinhardt). Die sinnenfälligen Kundgebungen der unbekannten »Intelligenzen« oder »Operatoren«, die anscheinend alle durch diese Feinmaterie des jeweiligen »Mediums« vermittelt werden, sind namentlich: Buchstabierende oder sonst sinnvolle Bewegungen lebloser Gegenstände oder Klopflaute und andere, manchmal sehr wuchtige akustische Phänomene ohne wahrnehmbare mechanische Ursache; naturwissenschaftlich unerklärbare Gegenwirkungen gegen die Gesetze der Schwerkraft und der Undurchdringlichkeit des Stoffes; Niederschriften durch die Hand des Mediums, die sich inhaltlich, stilistisch und schreibtechnisch nicht als solche seines bewußten Ichs erklären lassen, oder auch von unsichtbarer Hand (»direkte Schrift«); Sprechen einer überzeugend fremden Persönlichkeit aus dem Munde des Mediums, oft auch in einer Sprache, von der das bewußte Ich des Mediums keine Ahnung hat (»Trance-Reden«); endlich körperhafte, sicht-, greif- und wägbare, durch die photographische Platte als objektiv bestätigte, sprechende, selbständig und willkürlich sich bewegende und in jedem Betracht lebenden Menschen gleichende »Materialisationen«. Zu diesen »mediumistischen« Phänomenen rechnet der Okkultismus, und gewiß mit Recht, auch die ohne offensichtliche Vermittlung eines feststellbaren Mediums auftretenden mehr oder minder körperhaften »Geister-Erscheinungen« und physikalischen »Spukerscheinungen«, soweit sie nicht durch Betrug oder Selbsttäuschung erklärt werden können; es wird dabei die Nähe eines medial veranlagten lebenden Menschen a n g e n o m m e n, eventuell die mediale Veranlagung des Beobachters selbst: und diese Erklärung hat sich auch in vielen Fällen nachträglich bestätigt. Gegenstand der okkultistischen Forschung sind aber auch eine Reihe von Phänomenen anderer, anscheinend nicht-mediumistischer Art, so die Erscheinungen der » T e l e p a t h i e«, der r ä u m l i c h e n F e r n w i r k u n g lebender Menschen auf andere lebende Menschen, wohin auch das Erscheinen des »Doppelgängers« und die »Anmeldungen« Sterbender bei fernen Verwandten oder Freunden gehören; dann das » H e l l s e h e n«, das Erkennen von Objekten oder Vorgängen, die sich der normalen Wahrnehmung entziehen (z. B. Schilderung entfernter, dem normalen Ich des Hellsehenden noch unbekannter Gegenstände oder gleichzeitiger Begebenheiten im » F e r n s e h e n«, Lesen verschlossener Briefe, Beschreibung innerer Krankheiten); ferner das zeitliche Fernsehen in die Vergangenheit, im »Wahrsagen« des Erlebten durch Uneingeweihte, soweit es einwandfrei nachzuweisen ist, und im sogenannten »Geistertheater«, das am Ort eines früheren, besonders grellen und gewaltsamen Ereignisses; (eines Mordes oder Selbstmordes, einer Hinrichtung, einer Schlacht) vor dem (wohl nur »inneren«) Gesichts- und Gehörssinn entsprechend »sensitiver« und »hellsehender« Menschen die betreffende Katastrophe scheinbar körperhaft sich wieder abspielen läßt; ebenso das zeitliche Fernsehen in die Zukunft» die Prophezeiungen, Ahnungen und »Wahrträume«, soweit deren wirkliche Priorität und exaktes Eintreffen einwandfrei festgestellt werden kann, und das sogenannte »Zweite Gesicht« (second sight), das meist nur symbolisch bildmäßige, zuweilen aber auch den künftigen Wirklichkeitsvorgang wahrnehmende visionäre Schauen eines späteren Ereignisses, das bekanntlich ganzen Völkerschaften (namentlich den Hochschotten) generell eigentümlich ist; endlich die Erscheinungen der sogenannten » Psychometrie«, bei welcher die Berührung mit einem Gegenstand, der in nahem Zusammenhang mit einer räumlich oder zeitlich entrückten Person oder Sache war, hinreichend Sensitiven die Fähigkeit vermittelt, jene Person oder Sache selbst wirklichkeitstreu vor sich zu sehn und in jedem Betracht über sie richtige Aussagen zu machen. Dagegen sind die Phänomene des Hypnotismus, der Suggestion und Autosuggestion nicht eigentlich Gegenstand der okkultistischen Forschung, da sie auch von naturwissenschaftlicher Seite längst anerkannt und bis zu einem gewissen Grade im nicht-metaphysischen Sinn erklärt worden sind. Die künstliche hypnotische Einschläferung der »Medien« zum Zweck einer rascheren Herbeiführung ihres produktiven »Trance«-Zustands, wie man sie früher häufig anwandte, hat auch viel Bedenkliches, weil dadurch die Gefahr einer suggestiven Beeinflussung des intellektuellen Inhalts der Phänomene gesteigert wird. Die vulgäre Bezeichnung auch aller hypnotischen Versuchspersonen als »Medien« ist völlig sinnlos, denn bei ihnen handelt es sich in keiner Weise um eine »Vermittlung«.

Mit einer Reihe der vorbezeichneten Erscheinungen – namentlich mit den mediumistischen – beschäftigt sich nun neben dem Okkultismus auch der sogenannte Spiritismus, und mit ihrer Gesamtheit auch die Theosophie: beide aber auf eine wesentlich andere Weise, unter anderen Voraussetzungen und zu anderen Zwecken. Der Spiritismus will sich von der persönlichen Unsterblichkeit des Menschen überzeugen und, wenn das gelang, den Verkehr mit den Verstorbenen bewerkstelligen und pflegen; sobald er (durch in der Regel unzureichende Mittel) Betrug und Selbsttäuschung ausgeschlossen glaubt, nimmt er die fremden »Intelligenzen« oder »Operatoren« ohne weiteres für die (nur mehr mit einem feinmateriellen, doch ihrem »abgelegten« Menschenkörper formal gleichenden »Astralleib« verbundenen) Persönlichkeiten verstorbener Menschen, ja (ohne dafür zureichende Beweise zu haben) für die »Geister« derselben Menschen, die sie nach ihrer klopfenden oder schreibenden Angabe gewesen sein wollen; er verehrt sie als die »Schutzgeister«, »Genien« oder »geistigen Führer«, als welche sie sich bezeichnen, und schenkt demgemäß ihren Mitteilungen, Mahnungen und Warnungen blindes Vertrauen, ja seine Anhänger lassen sich oft in allen praktischen Lebensfragen entscheidend durch sie beeinflussen. Er ist somit nichts anderes als eine Glaubenssekte, die durch ihre »Sitzungen« bestenfalls den Zweck religiöser und sittlicher Bestärkung, Erbauung und Läuterung erreicht oder doch zu erreichen sucht, meist aber einen bloßen Kult der wollüstigen Gespensterschauer, der spielerischen Neugier und Eitelkeit treibt. Eine seltenere Abart des Spiritismus ist der Dämonismus; durch die auffallende Neigung der meisten sich manifestierenden »Operatoren« zum Betrug oder Unfug an deren himmlischer Hoheit und ehedem menschlichem Charakter irre gemacht, hat diese Sondersekte die Urheber der medialen Mitteilungen und Materialisationen für die »Dämonen zwischen Himmel und Erde« des alten Kirchenglaubens genommen, deren halb entrüstet, halb neugierig beobachtete Äußerungen ihr aber immerhin eine Jenseitsbestätigung liefern sollen. Wieder anders stellen sich die Anhänger der Theosophie zu der Sache. Wie die Spiritisten und Dämonisten weit davon entfernt, das Geheimnis der fremden »Intelligenzen« mit den Mitteln wissenschaftlichen Denkens und Experimentierens ergründen zu wollen, glauben sie, dieser Erkenntnis – ganz wie auch jeder andern, die der Mensch sich wünschen mag – nur auf dem Weg einer nicht verstandesmäßigen i n n e r e n E r l e u c h - t u n g , einer e k s t a t i s c h e n I n t u i t i o n teilhaft zu werden, von welcher Intuition sie behaupten, daß sie sich nach entsprechender asketischer Vorbereitung und ethischer Läuterung von selbst einstelle. Wie den Spiritisten gelten auch ihren erleuchteten »Meistern« die Urheber der mediumistischen Phänomene als »Geister« a b g e - s c h i e d e n e r M e n s c h e n mit feinerer Körperlichkeit, aber im Gegensatze zu jenen als der noch erdgebundene Auswurf und Abschaum der jenseitigen Geisterwelt, als sittlich und intellektuell tiefstehende Angehörige des traumhaften »Zwischenreichs«, in das die Verstorbenen unmittelbar nach dem Tode eingehen. Diese »schlechte Gesellschaft« drängt sich nach der Behauptung der »Meister« gierig an die Lebenden heran und sucht mittels der Medien wieder körperlichen und seelischen Anteil an dem grobmateriellen Dasein zu gewinnen: ungefähr wie die homerischen Schatten der Unterwelt durch den Genuß warmen Tierbluts sich auf eine Weile wiederbeleben und mit den Menschen sprechen können. Der egoistischen Minderwertigkeit dieser Abgeschiedenen entspricht dann nach theosophischer Anschauung auch ihre tatsächliche Stellungnahme zu den Menschen, die ihnen Gelegenheit zur Wiederbetätigung in der grobmateriellen Sphäre geben; sie suchen die Leichtgläubigen unter listiger Ausnützung ihrer Schwächen zu beherrschen, rühmen sich verlogen umfassender Kenntnis der Geisterwelt und anderer hoher Eigenschaften, üben Verleumdung und Bosheit und suchen ihre diesseitigen Klienten zu den Torheiten und Lastern zu verleiten, die ihnen selbst noch anhaften. Die Theosophie verurteilt daher ganz wie die Kirche die mediumistische Praxis als eine ethisch verderbliche Verirrung, die der wahren menschlichen Erkenntnis mehr Abbruch tue als sie fördere, und die in ethischem Betracht von unheilvollster Wirkung sei, indem sie nicht nur die Lebenden, die sich damit beschäftigen, sondern auch jene minderwertigen Abgeschiedenen von der geistigen und sittlichen Höherentwicklung zurückhalte. Es sei hier gar nicht erörtert, inwieweit diese Behauptungen der theosophischen »Meister« den Tatsachen entsprechen, sondern lediglich betont, daß sie ebensowenig wissenschaftlichen Charakter tragen und ebensosehr auf den G l a u b e n , auf bloßes Fürwahrhalten angewiesen sind wie jene der Spiritisten und Dämonisten. Auch wer selbst als »Erleuchteter« zu derartigem instruktivem »Schauen« gelangt ist, wird, wenn ihm noch ein Rest von Kritik blieb, dem Zweifel Raum geben müssen, ob ihm nicht bloß seine Phantasie einen Possen spielte.

Sobald eine Anzahl wissenschaftlich Gebildeter sich in vorsichtigster Prüfung überzeugt hatte, daß neben Fällen bewußten Betrugs von Pseudo-Medien, unbewußten Betrugs von wirklichen Medien, Selbsttäuschung, Übertreibung und Unwahrhaftigkeit von Sitzungsteilnehmern auch die Echtheit sehr vieler Phänomene der behaupteten Art außer Frage steht, kam nun aber auch eine s t r e n g w i s s e n s c h a f t l i c h e Erforschung des Mediumismus auf, die dann zugleich auch auf die übrigen mit den Prinzipien der Naturwissenschaft schwer oder gar nicht verträglichen okkulten Erscheinungen sich erstreckte. Diese wissenschaftlichen Erforscher des Gebiets nannten sich O k k u l t i s t e n, in scharfer Abgrenzung zunächst gegen die Glaubenssekten der Spiritisten und Dämonisten wie auch gegen die subjektiv behaupteten, aber objektiv unkontrollierbaren Intuitionen der Theosophie. Sie traten an den Gegenstand ohne bewußte dogmatische Voraussetzungen heran, auch, ohne das materialistische Dogma der Naturwissenschaft, mußten sie doch angesichts der bestehenden Widersprüche auf die Notwendigkeit einer Revision auch dieser Grundannahme gefaßt sein. Im übrigen aber hielten sie, aus den bereits erwähnten Gründen, und weil die Philosophie infolge der eingangs besprochenen Mißstände ihnen keinen wissenschaftlichen Halt oder Rat bot, an der Methode des naturwissenschaftlichen Experiments fest, ohne sich darüber klar zu werden, daß sie mit den Methoden der Naturwissenschaft auch deren dogmatische Voraussetzung mitübernahmen. Sie gewannen auf diesem Wege exakte naturwissenschaftliche Beweise für die Existenz betrugsfreier Phänomene der bezeichneten Art und allerlei neue Einsichten in die äußeren, grobmateriellen Bedingungen ihres Auftretens wie auch neue Beobachtungen über ihre sinnenfälligen Eigentümlichkeiten; allein in der Beantwortung der entscheidenden Hauptfragen, vor allem auch der Frage nach den denkenden und wollenden Urhebern der Erscheinungen kamen sie dabei keinen Schritt vorwärts und konnten es naturgemäß nicht, weil eben das materialistische, reinobjektive Experiment immer nur materielle, reinobjektive Erkenntnisse liefern konnte, aber keine Aufschlüsse über die subjektive Seite der Phänomene oder gar über ihr metaphysisches Wesen: und manches, wie beispielsweise das zeitliche Fernsehen, blieb in j e d e m Betracht rätselhaft.

Schon bei einfacher logischer Überlegung wird die Unmöglichkeit klar, nach erfahrungswissenschaftlicher Methode den Urheber einer mediumistischen Erscheinung bestimmen zu können (in jener Mehrheit der Fälle, wo bewußter und unbewußter Betrug, Suggestion und Sinnestäuschungen ausgeschlossen sind). Es sei einmal der denkbar idealste Fall angenommen. In einer »Materialisationssitzung« trete eine Erscheinung auf, die bis in die kleinsten, leicht übersehbaren und nur den Familienangehörigen bekannten Merkmale dem menschlichen Äußern eines Verstorbenen gleicht, dessen Witwe, Mutter, Brüder und Kinder der Sitzung beiwohnen und jene Übereinstimmung mit ehrlichem, klarem und besonnenem Urteil konstatieren. Eine Anzahl von Lichtbildern des Verstorbenen aus seiner letzten Lebenszeit, die zum Vergleiche bereit liegen, bestätige durchaus dieses Urteil. Die Erscheinung werde auf einer bereitstehenden Wage gewogen, auch überzeuge sie durch begrüßenden Händedruck alle Anwesenden, durch Umarmung und Kuß jedes Familienmitglied von ihrer Körperhaftigkeit, und auch die Art ihres Betragens gegenüber jedem einzelnen entspreche durchaus den charakteristischen Eigentümlichkeiten und Gewohnheiten des Verstorbenen. Die Erscheinung ergreife auch das Wort und spreche zu den Hinterbliebenen mit einer Stimme, die genau der des Betrauerten gleicht, und in einer Ausdrucksweise, die sich gleichfalls völlig mit der seinen deckt: und zwar bespreche sie mit jedem Familienglied und mehreren anwesenden Freunden Einzelheiten, von denen nachweisbar kein Dritter wußte und weiß. Auch die materielle Objektivität ihrer Reden und ihrer körperlichen Bewegungen werde durch aufgestellte Apparate nachgewiesen. Jede Art Täuschung durch Lebende sei durch entsprechende Kontrollapparate (mit elektrischen Klingeln verbundene Drähte und dergleichen) wie auch dadurch ausgeschlossen, daß das Medium und sämtliche anderen Sitzungsteilnehmer unmittelbar vor dem Betreten des Sitzungsraumes durch einwandfreie und sachverständige Vertrauensleute peinlichst visitiert wurden (einschließlich der Mundhöhle, der Achselhöhle, der Haare usw.), daß der gleichfalls von zuverlässigen Unparteiischen unmittelbar vorher genau untersuchte und vom Medium zum erstenmal betretene Sitzungsraum keine andere Einrichtung enthält als die nötigen Sitze und Kontrollapparate und keinen anderen Eingang hat als die eine Zutrittstüre, die der letzteingetretene Teilnehmer hinter sich verriegelte, worauf er die Türklinke noch zu allem Überfluß mit einer Kontrollklingel verband; endlich sei jeder Betrugsverdacht auch dadurch zerstreut, daß Blitzlichtaufnahmen auf nachweisbar vorher noch nie belichteten photographischen Platten die Gestalt neben dem Medium und allen übrigen Anwesenden zeigen, und daß die Gestalt sich nach einer Weile vor den Augen der Sitzungsteilnehmer wie auch wieder nach dem objektiven Zeugnis einwandfreier Blitzlichtaufnahmen in leere Luft auflöst.

Vor der Wucht dieses Nachweises würden gewiß auch hartnäckigste Skeptiker kapitulieren und eingestehn, daß sie nunmehr von der persönlichen Fortexistenz des betreffenden Verstorbenen überzeugt seien. Trotzdem wären sie die Opfer von Trugschlüssen. Wohl ist unter den aufgezählten Voraussetzungen bewußter und unbewußter Betrug wie auch Halluzination oder Suggestion völlig ausgeschlossen und das Auftreten einer körperhaften, bewegungsfähigen, sprechenden und in allem durchaus dem Verstorbenen gleichenden Gestalt neben dem Medium und den übrigen Sitzungsteilnehmern einwandfrei dargetan. Ist aber damit auch schon bewiesen, daß diese Gestalt m i t d e m V e r s t o r b e n e n i d e n - t i s c h ist oder war? Daß der Körper der Gestalt trotz aller Übereinstimmungen, oder vielmehr: gerade w e g e n dieser Übereinstimmungen n i c h t identisch sein konnte mit der Körperlichkeit des Betreffenden in seiner letzten Lebenszeit, ist klar und würde wohl selbst von extremsten Auferstehungsgläubigen nicht bestritten; jene andere Körperlichkeit lag ja gleichzeitig nachweisbar im Grabe, und zwar in ganz anderem Zustand als das, was man sah, fühlte und hörte: ja im Fall erfolgter Feuerbestattung bestand sie, gleichzeitig, nur mehr in einem Häuflein Asche. Man hat also offenbar nur eine N a c h b i l d u n g , eine p l a s t i s c h e K o p i e jener Körperlichkeit in lebensähnlicher Funktion gesehen. Ist aber somit die k ö r p e r - l i c h e Identität der Erscheinung mit der Person des Verstorbenen ausgeschlossen, so bliebe lediglich deren s e e l i s c h - g e i s t i g e s Ich für einen möglichen Identitätsnachweis übrig, das ja – mindestens für die Familienangehörigen – ebenso überzeugend, wenn auch nur durch die sinnenfällige Vermittlung sich kundgab. Gläubige

Spiritisten würden auch gewiß sagen: Offenbar hat der Verstorbene seinen »Astralleib«, der ja eine Art »Kopie« seines ehemaligen Menschenleibes ist, mittels der geheimnisvollen Feinmaterie, die er dem Körper des Mediums entnahm, bis zur Sinnenfälligkeit verdichtet, um sich den Seinen zeigen zu können. Aber ist das wirklich so »offenbar«? Können nicht ebensogut andere individuelle Kräfte des Wollens und Wirkens, deren Wesen und Fähigkeiten wir nicht kennen, die wundersame »Kopie« hergestellt und in lebensähnliche, dem Verstorbenen entsprechende Funktion gesetzt haben? Daß die Gläubigen, auch wenn sie darüber ins klare kamen, daß es sich nur um eine Kopie oder Rekonstruktion des lebendigen Körpers von ehedem handeln konnte, diese ohne weiteres dem Ich des Verstorbenen zuschreiben, folgt nur aus ihrer Gewohnheit, die körperliche Erscheinung eines lebenden Menschen mit dem zugehörigen seelisch-geistigen Ich untrennbar verbunden zu denken: ein Verhältnis, das wohl für die Lebenden zutrifft, nicht aber für die Toten. »Aber die genau übereinstimmenden Eigentümlichkeiten nicht nur des Betragens und der Ausdrucksweise, auch der reinseelischen Persönlichkeit! und obendrein noch das Wissen um die G e h e i m n i s s e !« suchen sich die Gläubigen noch einmal verzweifelt zu wehren. Nun: stehen nicht auch da unbegrenzte Möglichkeiten offen, bei der natürlichen Engumschränktheit dessen, was wir »erfahren« können? »Geheimnisse«, die A l l e i n b e s i t z z w e i e r M e n s c h e n (das heißt: ihres » O b e r bewußtseins«) wären, kann es für das Urteil von Nachdenklichen gar nicht im strengsten Sinne geben, denn das Bild jedes einzelnen Geschehens, das einmal in irgendeiner Form erfolgte, handle es sich nun um »äußeres« oder »inneres«, körperliches, seelisches oder geistiges Sichereignen, muß als Wirkung, Eindruck oder Reflex tausendfältig (wenn auch nicht menschlich wahrnehmbar) erhalten bleiben, und es ist sozusagen lediglich eine »technische« Frage, ist lediglich dem Inkrafttreten geeigneter natürlicher oder künstlicher Werkzeuge anheimgestellt, ob, wann und von wem ein solches Bild wieder hervorgerufen oder verwertet werden kann. Ließe sich auf Grund unserer wirklichen, ja unserer überhaupt möglichen Erfahrung behaupten, daß es unmöglich individuelle Kräfte geben kann, die nie in Menschengestalt lebten und wirkten, aber in den Erinnerungen jener Hinterbliebenen oder auch in anderen Eindrücken und Nachwirkungen, welche die Vergangenheit hinterließ, zu lesen vermögen und hiernach die Funktionen der körperlichen Kopie ebenso täuschend gestalten konnten, wie sie diese Kopie selbst nach allen vorhandenen Spiegelungen und Erinnerungsbildern lebenstreu formten? Ja noch mehr: können wir solche Fähigkeiten und Leistungen unserem e i g e n e n menschlichen » U n t e r bewußtsein« erfahrungswissenschaftlich absprechen, also etwa dem »Unterbewußtsein« des »Mediums«, das sich hellsehend und gedankenlesend aus den erhaltenen Lichtbildern wie auch aus den Erinnerungseindrücken der Anwesenden alle nötigen Kenntnisse nehmen konnte? Die Wunderleistungen des Hellsehens und Gedankenlesens sind ja jedem erfahrenen Okkultisten vertraut! Oder konnte nicht ebensogut – in m i t t e l b e r e r Benützung der Feinmaterie des Mediums, dafür aber in ganz u n m i t t e l b a r e r Verwertung eigener »unterbewußter« Eindrücke und hellsehender bzw. gedankenlesender von Erinnerungsbildern und Eindrücken der übrigen Verwandten und Freunde – das u n t e r bewußte Ich eines H i n t e r b l i e b e n e n der Gestalter und Beweger des plastischen Abbilds und der Enthüller der »Geheimnisse« sein?

Man sieht: überall läßt da das erfahrungswissenschaftliche Verfahren trotz aller exakt logischen Verarbeitung des im Sinne der Erfahrungswissenschaft Gegebenen kläglich im Stiche. Offenbar bedarf unser Urteilen und Schließen zur eindeutigen Erklärung solcher Phänomene anderer – oder wenigstens a u c h noch anderer – Voraussetzungen als jener der naturwissenschaftlichen Forschung; eine von Grund aus andere, durch allgemeinere und tiefere Einsicht gewonnene Auffassung des Erfahrungsmaterials erscheint dafür nötig, welche nicht verschiedenste gleichwertige Möglichkeiten offen läßt, sondern die Beobachtung von vornherein in bestimmte Richtung lenkt und der Beurteilung brauchbare Mittel der Unterscheidung und Wertung an die Hand gibt. Nur die von Betrug und Selbsttäuschung freie »Echtheit« der mediumistischen Materialisations-Erscheinungen vermag ein bloß im Sinne der Naturwissenschaft betriebener Okkultismus einwandfrei festzustellen, nicht aber ihren jeweiligen persönlichen Urheber und ihre Stellung im Weltgeschehen. Und ganz dasselbe gilt auch für die okkultistische Erforschung der äußerlich schlichteren Phänomene des Mediumismus und jener nicht minder rätselhaften, scheinbar nichtmediumistischen Erscheinungen, deren Ursache man von vornherein in noch unbekannten Fähigkeiten l e b e n d e r Menschen suchen durfte, also jener Phänomene, die man als »animistische« (das heißt: von der »Seele« Lebender bewirkte) von den »spiritistischen« unterschieden hat: so namentlich des räumlichen und zeitlichen Hellsehens, der Psychometrie, der Telepathie und mancher physikalischen Wunderleistungen einzelner Menschen (meist im Zustand irgendeiner künstlich erzeugten Ekstase), bei welchen sich keine fremde Persönlichkeit (wie bei den mediumistischen Erscheinungen) ausdrücklich kundgibt und Suggestion (eventuell Massen-Suggestion) wie auch gewöhnlicher Betrug einwandfrei ausgeschlossen werden kann. Hier schienen die naturwissenschaftlichen Errungenschaften der letzten Jahrzehnte, namentlich die neuen Entdeckungen der Physik und Chemie wertvolle Aufschlüsse zu versprechen, so die zauberkräftigen Röntgen-Strahlen und die noch wunderbareren Leistungen des Radiums, die Erfindung der drahtlosen Telegraphie und anderes. Allein auch diese Hoffnungen der Okkultisten wurden enttäuscht. Daß die Überwindung materieller Schranken bei okkulten Phänomenen durch eine der neuentdeckten Kräfte, Vorgänge und Möglichkeiten zustande käme, ließ sich nicht nachweisen, man konnte nur vage Analogieschlüsse ziehen; das Rätsel der psychometrischen Erscheinungen blieb von alledem unberührt, auch für die Erklärung des zeitlichen Fernsehens gewann man nicht den geringsten Anhalt. Übrigens hätte da von trügerischen Hoffnungen schon die Überlegung zurückhalten sollen, daß jene neuen naturwissenschaftlichen Erkenntnisse sich nur auf anorganische Materie bezogen, nicht aber auf die Stofflichkeit und die Kräfte von Lebewesen, wie sie bei den okkulten Phänomenen in Frage kommen.

In ihrem Ringen um klare und eindeutige Resultate kann die okkultistische Forschung nur von e i n e r Seite wirksamen Beistand erhalten: vom p h i l o s o p h i s c h e n D e n k e n in jenem strengeren Sinne, der eingangs unserer Betrachtungen gekennzeichnet wurde. Seine elementaren Feststellungen zeigen die in Frage stehenden Erscheinungen in einem ganz bestimmten Lichte und geben damit die Richtung an, in der eingehende Beobachtungen Aussicht auf Erfolg hätten. Selbst diejenigen Okkultisten, die trotz aller Gegengründe der Handgreiflichkeit mehr Vertrauen schenken als den Denknotwendigkeiten (die sie dann bei ihren Urteilen und Schlußfolgerungen unbewußterweise doch wieder respektieren müssen!)

und trotz allen Enttäuschungen vom naturwissenschaftlich geleiteten Experimentieren allein die entscheidenden Aufschlüsse erhoffen, werden die reinlogischen Erkenntnisse wenigstens als H y p o - t h e s e n gelten lassen, die den praktischen Untersuchungen s o - l a n g e zugrunde gelegt werden dürfen, a l s d a s B e o b a c h t e - t e o h n e A u s n a h m e d u r c h s i e e r k l ä r t w e r d e n k a n n.

Soll nun im Folgenden ein Überblick über das Elementare geboten werden, das sich aus der rein denkenden Untersuchung der gesamten Erfahrungswelt ergibt und sich zu einem bestimmten metaphysischen und metapsychischen Weltbild zusammenschließt, ist vorher zu betonen, daß hier aus Raumgründen natürlich nur eine kurze Skizzierung möglich ist; doch dürfte auch diese schon dem Zweck genügen, die Verwertbarkeit der reinen Denkergebnisse für die Erklärung okkulter Phänomene zu zeigen. Ein in der Geschichte der Philosophie bewanderter Leser wird da im einzelnen viel Bekanntes finden, worauf er durch das früher Gesagte ja schon vorbereitet ist; er wird bald an die Eleaten, bald an Spinoza, bald an Berkeley, bald an Kant, an Fichte, Schelling und viele andere erinnert werden. Zugleich wird er aber auch deutlichst die fundamentalen Irrtümer erkennen, welche die Spekulationen der Denker nach verschiedenen Richtungen und zu sehr verschiedenen Resultaten auseinanderführten. Besonders folgenschwer waren diese Irrtümer, wenn sie die Allsubstanz in einem Begriffsinhalt gefunden glaubten, der logisch nachweisbar nur einen T e i l der E r f a h r u n g s - w e l t bedeutet, mochte es sich da nun um die objektive oder um die subjektive Sphäre handeln. So beispielsweise wenn Hobbes ausschließlich das Materielle für existierend nahm und Herbart dem Objektiven die Priorität vor dem Subjektiven zuerkannte, oder wenn anderseits Hegel die Allsubstanz nur im Intellekt, Schopenhauer sie nur im »Willen« erblickte.

Wie schon hervorgehoben wurde, hat das philosophische Denken dieselbe Erfahrungswelt zum Gegenstand, die der naturwissenschaftlichen Forscherarbeit ihre Objekte liefert, und zwar die g e - s a m t e Erfahrungswelt, also die Welt der äußeren wie auch die der inneren Erfahrung. Gewitzigt schon durch viele Täuschungen des Alltagslebens und getrieben von jenem Zweifel an der sicheren Realität des unmittelbar unserem Bewußtsein Gegebenen, der sich aus jeder aufmerksamen und nachdenklichen Betrachtung des scheinbar so widerspruchsvollen Weltgeschehens ergibt und der Vater alles Philosophierens geworden ist, stellt der menschliche Erkenntnisdrang die Frage: was von all diesem scheinbar Existierenden ist » w a h r «? Was ist nur Wahn und Illusion, und was ist wesenhaft? Und an diese Frage schließt sich sogleich die zweite: findet sich in unserem Denken eine feste Regel, ein Prinzip, nach dem wir in unserer Erfahrungswelt, und zwar der äußeren wie auch der inneren Erfahrungswelt, das Wahre vom Trügerischen, das Reale vom bloß Illusorischen unterscheiden können?

Ein solches unterscheidendes Prinzip zur Feststellung der realen Existenz eines Bewußtseinsobjektes liefert die Rüstkammer unseres Denkens tatsächlich: und zwar ein Prinzip, das nicht nur der bezüglichen w i s s e n s c h a f t l i c h e n Untersuchung unsicherer Bewußtseinsobjekte dient, sondern auch der A l l t a g s e n t s c h e i - d u n g derartiger Fragen nachweisbar zugrunde liegt. Und zwar ist dieses Prinzip nichts anderes als eine folgerichtige Anwendung des Fundamentalsatzes unserer Logik, des sogenannten » I d e n t i - t ä t s p r i n z i p s «, auf die Existenz in der Erfahrungswelt. Das Identitätsprinzip sagt, d a ß j e d e r B e g r i f f m i t s i c h s e l b s t i d e n t i s c h i s t. Es fordert also von jedem (echten, »denkbaren«) Begriff, daß dessen Inhalt – das heißt: die Summe der ihn bezeichnenden, »definierenden« Merkmale – auch wirklich s e i n Inhalt sei, daß also alle diese Merkmale wesentliche, selbsteigene Bestandteile des betreffenden Begriffs sind und nicht etwa sämtlich oder teilwei- se e i n e m a n d e r e n Begriff oder m e h r e r e n a n d e r e n Be- griffen angehören, n i c h t aber i h m. Da dieses Identitätsprinzip für alle Begriffe gilt, so gilt es auch für die Begriffe jeder Art von Einzelexistenz, gleichviel ob es sich um die Einzelexistenz eines im Räume Existierenden oder um die eines unräumlich Existierenden handelt; es gilt somit allgemein der Satz, daß ein einzelnes fragliches Bewußtseinsobjekt in d e r S p h ä r e (räumlichen oder nicht-räumlichen Existenzsphäre), in d e r e s v o m B e w u ß t s e i n z u n ä c h s t a n g e t r o f f e n w i r d, und in der es daher vom Verstände als existierend oder nicht existierend nachgewiesen werden soll, nur dann wirklich existiert, wenn es n a c h d e n b e-s o n d e r e n E x i s t e n z b e d i n g u n g e n d i e s e r S p h ä r e a l s m i t s i c h s e l b s t i d e n t i s c h n a c h g e w i e s e n w e r-d e n k a n n, das heißt: wenn nachgewiesen werden kann, daß alle die Eigenschaften, als deren Summe es dem Bewußtsein gegeben ist, s e i n s e l b s t e i g e n e r W e s e n s b e s i t z im Sinne d e r Existenzsphäre sind, in der es vom Bewußtsein angetroffen wird. Nun sind aber die Bedingungen der Existenz in der ä u ß e r e n E r f a h-r u n g s w e l t räumliche Ausdehnung (Körperlichkeit) und zeitliche Ausdehnung, und es ist die Bedingung der Existenz in der (un-räumlichen) i n n e r e n E r f a h r u n g s w e l t zeitliche Ausdeh-nung allein. Somit gilt für fragliche Bewußtseinsobjekte der A u-ß e n erfahrung das Prinzip: In der äußeren Erfahrungswelt existiert ein fragliches Bewußtseinsobjekt dann, wenn es im wesentlichen Besitz aller seiner Eigenschaften einen Raumteil erfüllt und im we-sentlichen Besitz aller seiner Eigenschaften, also in Identität mit sich selbst einen Zeitteil dauert; es existiert also da, z e i t l i c h betrach-tet, s o l a n g e, a l s es, einen Raumteil erfüllend, in Identität mit sich selbst dauert. Und für fragliche Bewußtseinsobjekte der I n-n e n erfahrung gilt das Prinzip: In der inneren Erfahrungswelt exis-tiert ein fragliches Bewußtseinsobjekt dann, wenn es im wesentli-chen Besitz aller seiner Eigenschaften, also in Identität mit sich selbst einen Zeitteil dauert; es existiert also da, und zwar unräum-lich, s o l a n g e, a l s es in Identität mit sich selbst dauert.

Das Alltagsurteil des sogenannten »gesunden Menschenverstan-des« spricht auf Grund dieser Prinzipien a l l e n Objekten, die sein Bewußtsein in der äußeren oder inneren Erfahrungswelt antrifft, w i r k l i c h e E x i s t e n z in einer dieser beiden Erfahrungssphären zu, wobei es Bewußtseinsobjekte, die scheinbar in der ä u ß e r e n Erfahrungssphäre auftauchen, sich aber bei der Prüfung bald als n i c h t k ö r p e r l i c h (nicht im Räume ausgedehnt bzw. wirksam) herausstellen (wie zum Beispiel Halluzinationen, Umbildungen oder Ergänzungen von körperlichen Gegenständen durch erregte Phantasie u. dgl. mehr), als Existenzen in die Sphäre der i n n e r e n

Erfahrungswelt verweist. Prüft man aber genauer, auf welche Weise dieses Alltagsurteil bei der Anwendung der beiden Prinzipien verfährt, dann kann man seine Entscheidung nicht als triftig anerkennen. Es nimmt nämlich bei der äußeren wie auch bei der inneren Erfahrung die Summe e i n e r   A n z a h l besonders a u f f a l l e n d e r »Eigenschaften« des fraglichen Bewußtseinsobjektes, deren W e s e n s z u g e h ö r i g k e i t gar nicht genauer geprüft, sondern gläubig angenommen wird, und deren Veränderlichkeit erst in g r ö ß e r e n Zeitabständen dem groben menschlichen Sinnenapparat bzw. (bei der i n n e r e n Erfahrung) der ebenso unzulänglichen Durchschnitts-Selbstkritik deutlicher sich aufdrängt, für die Summe a l l e r seiner w i r k l i c h e n,   s e l b s t e i g e n e n Eigenschaften, stellt hiernach I d e n t i t ä t s d a u e r fest (was freilich auch bei solchem ungenügenden Verfahren immer auch noch Gedankenlosigkeit und die Mitwirkung ausgleichender Phantasie erfordert), und gibt so der großen Mehrzahl der Menschen das Behagen, die äußere wie auch die innere Erfahrungswelt für solide Wirklichkeit nehmen zu können. Besäßen wir auch nur statt unserer Augen eine Art Mikroskop von enormer Leistungsfähigkeit als natürliches Sehorgan, so könnten wir nie zu solchem sicheren Wirklichkeitsbehagen gelangen, denn wir sähen die uns zugewandte Oberfläche der körperlichen Dinge in unaufhörlicher kontinuierlicher Wandlung. Anderseits aber würden uns nach einer allseitig gründlichen Prüfung der Erfahrungswelt auf ihren Existenzgehalt auch Eindrücke wie der Tod einer seit langem vertrauten Person nicht wie eine widerspruchsvolle Unfaßbarkeit erschrecken und verwirren, hätten wir uns doch dann schon längst überzeugt, daß das, was der Tod scheinbar paradox »vernichtet«, i n   W a h r h e i t   g a r   n i c h t e x i s t i e r t e.

Tatsächlich zwingt nämlich die strengere logische Überlegung im Verein mit aufmerksamerer Beobachtung und gründlicher, durch technische Hilfsmittel unterstützter erfahrungswissenschaftlicher Untersuchung zu einer radikalen Revision und Korrektur des lässigen Alltagsurteils. Wir gelangen da nämlich zu der Einsicht, daß die gesamte Körperwelt der äußeren Erfahrung einschließlich unseres eigenen Körpers wie auch unser ganzes inneres Erfahrungsich mit all seinen Tätigkeiten und Vorstellungen n i c h t s, aber auch g a r n i c h t s aufweist, das w e s e n s z u g e h ö r i g e,   s e l b s t e i g e n e

Eigenschaften besäße; daß ferner all das, was uns in beiden Sphären der Erfahrung wesenhaft vorhanden scheint, in durchgreifender, fortwährender und kontinuierlicher Wandlung begriffen ist, also gar keine Identitätsdauer besitzt, und daß somit nach jenen beiden Prinzipien der Existenzfeststellung, die nur Anwendungsformen des für uns unumstößlichen logischen Identitätsprinzips sind, u n - s e r e r   g e s a m t e n   m e n s c h l i c h e n   E r f a h r u n g s w e l t, d e r   ä u ß e r e n   w i e   d e r   i n n e r e n,   d i e   w i r k l i c h e E x i s t e n z,   d i e   R e a l i t ä t   a b g e s p r o c h e n   w e r d e n m u ß . Es erweisen sich nämlich die scheinbar wesenszugehörigen und selbsteigenen »Eigenschaften« eines jeden K ö r p e r s unserer ä u ß e r e n Erfahrungswelt bei genauerer Prüfung als bloße P r o - d u k t e   v o n   W e c h s e l w i r k u n g e n zwischen seinem u n b e - k a n n t e n, unserer äußeren Erfahrungswelt nicht angehörenden und bloß anzunehmenden (bloß hypothetischen) Eigenwesen und den gleichfalls u n b e k a n n t e n, gleichfalls außerhalb der Erfahrungswelt anzunehmenden Eigenwesen der körperlichen Nebendinge. Man vergegenwärtige sich nur, was die Naturwissenschaft von solch einem Einzelding der äußeren Erfahrung zur Bezeichnung seines Wesens auszusagen vermag: und man wird finden, daß all das auf die F e s t s t e l l u n g   v o n   R e l a t i o n e n   z u   a n d e - r e n   D i n g e n   d e r   K ö r p e r w e l t, natürlichen oder zu Meß- zwecken künstlich hergestellten, beschränkt bleibt; und da diese Beziehungen mangels logisch berechtigter Priorität stets auch um- kehrbar sind, das Eigenwesen jener Nebendinge aber ebenso unbe- kannt bleibt wie das des betreffenden, durch sie bestimmten und sie bestimmenden Einzelobjekts, so handelt es sich um Ergebnisse von Aktionen und Reaktionen von Unbekannten, u m   P r o d u k t e v o n   W e c h s e l w i r k u n g e n,   o h n e   d a ß   e s   m ö g l i c h w ä r e,   e t w a s   v o n   d i e s e n   P r o d u k t e n   i n   b e s t i m m - t e r   A b g r e n z u n g   e i n e m   v o n   d e n   ä u ß e r e n   E r f a h - r u n g s d i n g e n a l s   s e l b s t e i g e n e n   B e s i t z   z u z u e r k e n - n e n. So läßt sich beispielsweise über die räumliche Ausdehnung zweier ungleich großer Objekte der äußeren Erfahrung nur sagen, daß das eine m-mal so groß ist als das andere und daß letzteres den m-ten Teil der Ausdehnung des ersteren besitzt, oder daß das eine n-mal und das andere p-mal so groß ist als ein drittes Objekt, das kleiner ist als beide (und sich daher als »Maß« für beide empfiehlt); dagegen bleibt eine selbsteigene, nicht bloß verhältnismäßige Ausdehnung bei allen dreien unbekannt und unbestimmbar, und ein anderes »Maß« ergäbe andere Ausdehnungs-Werte. Oder: wenn wir eine Rose als »rot« feststellen, so ist diese »ihre« Farbe das Produkt einer Wechselwirkung mindestens zwischen den drei angenommenen Unbekannten, denen wir die Bewußtseinsobjekte und Wechselwirkungsprodukte »Rose«, »Lichtstrahlen« und »Sehorgan« zunächst zuschreiben müssen, nicht aber eine Wesenseigenschaft (ein selbsteigener Wesensbesitz) des Bewußtseinsobjektes »Rose« und auch nicht eine Wesenseigenschaft des hypothetischen, unbekannten, nicht der äußeren Erfahrungswelt angehörenden Eigenwesens dieses Bewußtseinsobjekts »Rose« (wobei die Worte »Rose«, »Lichtstrahlen« und »Sehorgan« natürlich nicht allgemeine abstrakte Begriffe, sondern die einzelnen Bewußtseinsobjekte, also eine bestimmte einzelne Rose, bestimmte Lichtstrahlen und das Sehorgan eines bestimmten Menschen bedeuten). Ferner ist auch die Summe aller Merkmale (hier richtiger: Tätigkeiten) und somit das W e s e n des Bewußtseinsobjektes der i n n e r e n menschlichen Erfahrung, also d a s W e s e n d e s e i n z e l n e n m e n s c h l i c h e n E r - f a h r u n g s i c h s nur ein Produkt von Wechselwirkungen zwischen seinem hypothetischen, unbekannten, nicht der äußeren oder inneren Erfahrungswelt angehörenden Eigenwesen und jenen gleichfalls hypothetischen, unbekannten und keiner von unseren Erfahrungssphären angehörenden Eigenwesen aller Bewußtseinsobjekte der äußeren Erfahrung, zu welchen auch die hypothetischen, der Erfahrung entzogenen Eigenwesen der übrigen inneren Erfahrungsiche durch die körperliche Vermittlung der Sprache, der Gebärde, der Schrift usf. wie auch das hypothetische, der Erfahrung entzogene Eigenwesen des mit ihm in unmittelbarem persönlichem Zusammenhang stehenden eigenen Körpers zählen: sodaß sich auch hier nicht abgrenzen läßt, was von diesem Wechselwirkungsprodukt dem unbekannten Wesen seines Körpers sowie dem der fremden Körper und fremden Erfahrungs-Subjekte und was dem gleichfalls unbekannten Wesen des eigenen inneren Erfahrungsichs als selbsteigene Wesenswirkung (Wesensbetätigung) zuzuschreiben ist. Eine ausführliche Veranschaulichung auch dieser Tatsache verbietet sich aus Raumgründen; doch sei andeutend hingewiesen auf die auch in der Lebenspraxis auffallend genug hervortretende Unmöglichkeit, in dem inneren Erfahrungsich eines einzelnen Menschen, in der Gesamtheit seiner Willensakte, seines Gefühlslebens und seiner geistigen Leistungen eine strenge Grenze zu ziehen zwischen dem, was aus dem Wesenskern dieses inneren Erfahrungsichs hervorgeht, und dem, was das Werk von Einflüssen des Wesenskernes des eigenen Körpers und von den materiellen oder den (materiell vermittelten) seelischen und geistigen Einflüssen der Wesenskerne der Mitwelt ist. In klarer Erkenntnis der letzteren Unmöglichkeit sagte auch Goethe einmal zu Eckermann: »Man spricht immer von Originalität, allein was will das sagen! Sowie wir geboren werden, fängt die Welt an auf uns zu wirken, und das geht so fort bis ans Ende. Wenn ich sagen könnte, was ich alles großen Vorgängern und Mitlebenden schuldig geworden bin, so bliebe nicht viel übrig.«

Ebenso wie die W e s e n s z u g e h ö r i g k e i t d e r » E i g e n - s c h a f t e n « der äußeren und inneren Bewußtseinsobjekte erweist sich auch ihre I d e n t i t ä t s d a u e r bei genauerer Prüfung als bloßes Phantom. Der Einsicht, daß jede beliebig groß oder klein gewählte »Einheit« in der Körperwelt aus rastlos und kontinuierlich bewegten kleineren »Einheiten« besteht und fortwährend ihren Platz im Raum, ihre qualitative Beschaffenheit und ihre physikalischen Zustände (Temperatur, elektrische Geladenheit usw.) ändert, also in k o n t i n u i e r l i c h e r V e r ä n d e r u n g i h r e r E i g e n - s c h a f t e n u n d d a m i t i h r e s W e s e n s b e g r i f f e n i s t , hat sich heute selbst die Naturwissenschaft schon bedeutsam angenähert. Soweit die mikroskopische Untersuchung in den Zellbau der organischen Körper eindrang, fand sie bewegte Teil-Systeme im bewegten Systeme vor: und auch für die »anorganischen« Atome, die früher als die »unteilbaren«, durchaus einheitlichen und unveränderlichen Bausteine der Körperwelt gegolten hatten, ergab sich neuerdings die naturwissenschaftliche Notwendigkeit, sie als »organisiert«, als in kontinuierlicher Eigen-Bewegung und Wandlung begriffene »Elektronen«-Systeme nach Art der Planetensysteme anzunehmen, die mindestens auch den erwähnten fortwährenden physikalischen Zustandsänderungen unterworfen sind. Früher oder später werden dann die Naturforscher sich genötigt sehen, auch die »Einheiten« innerhalb der Elektronen-Systeme wieder für veränderliche (in kontinuierlicher Eigen-Bewegung und Wandlung begriffene)Systeme anderer »Einheiten« zu erklären, und so weiter in infinitum. Nimmt man aber diese unendliche natürliche (oder auch eine unendliche künstliche) Teilbarkeit der Stoffwelt an, so ist das,

aus dem die letztere besteht, unendlich klein; ein u n e n d l i c h
kleiner Körper aber kann überhaupt keinen Raum einnehmen, seine
räumliche Ausdehnung ist gleich Null, und auch aus unendlich
vielen solchen Körpern mit der Ausdehnung 0 kann sich nach logi-
schem Urteil nicht etwas zusammensetzen, dessen eigene räumliche
Ausdehnung größer als 0 wäre: a l s o ü b e r h a u p t k e i n e r e a -
l e r ä u m l i c h e E x i s t e n z. Wollte man aber die (natürliche
oder künstliche) Teilbarkeit der Körper trotz allem als e n d l i c h
annehmen, sodaß die Stoffwelt aus räumlich ausgedehnten, nicht
weiter teilbaren, also einfachen »Ur-Atomen« bestünde, so müßten
diese »Ur-Atome« entweder untereinander g l e i c h (von gleicher
räumlicher Ausdehnung, gleicher stofflicher Substanz, gleich großer
und gleichartig wirkender Kraft) oder einander u n g l e i c h sein.
Im e r s t e r e n Falle wäre das Entstehen beziehungsweise die (mindestens als Erscheinung, als Bewußtseinsinhalt gegebene) Existenz
so durchaus verschiedenartiger Körper, wie sie die materielle Erfahrungswelt aufweist, völlig undenkbar, wenn man nicht die Existenz
einer Kraft annehmen wollte, die von außenher willkürlich auf die
»Ur-Atome« einwirkt: womit die mit Recht verpönte dualistische
Weltauffassung gegeben wäre, die in ihrer Widerspruchsfülle jede
logische Erklärung ausschließt. Zudem spräche auch noch das weitere Argument gegen die wesenhafte Existenz der untereinander
gleichen »Ur-Atome«, daß die Eigenschaft eines jeden von ihnen,
neben den zahllosen anderen in einer bestimmten Ausdehnung zu
»existieren«, durch das »Wesen« (die Ausdehnung usf.) der zahllosen andern mitbestimmt zu sein, seine wirkliche Existenz bereits
ausschlösse und wieder nur ein Wechselwirkungsprodukt von Unbekannten an ihre Stelle setzte, deren Wesensanteil oder Wirkensan-
teil daran nicht zu unterscheiden wäre. Im a n d e r e n Falle aber,
wenn die »Ur-Atome« untereinander u n g l e i c h (von ungleicher
Größe, verschiedener stofflicher Substanz, verschieden großer und
verschiedenartig wirkender Kraft) wären, könnten die besonderen
»Eigenschaften« eines solchen »Ur-Atoms« (deren Summe identisch
wäre mit seinem »existierenden« Wesen) ihm natürlich ebensowenig s e l b s t e i g e n sein wie die »Eigenschaften« irgendeines der
äußeren Erfahrung unmittelbar gegebenen, aus solchen »Ur-
Atomen« zusammengesetzten Körpers diesem letzteren selbsteigen
sind, und zwar aus denselben, bereits im Vorigen ausführlich bezeichneten Gründen. Auch das i n n e r e E r f a h r u n g s i c h des

einzelnen Menschen zeigt sich einer strengeren Prüfung als in fortwährender und kontinuierlicher Wandlung begriffen. Wie es illusorisch ist als das Produkt von Wechselwirkungen zwischen den hypothetischen Unbekannten, die einerseits ihm selbst, anderseits dem zugehörigen Körper und den Körpern und inneren Erfahrungsichen der Mitwelt zugrunde liegen, ohne daß sich sein Wesensanteil an diesem Wechselwirkungsprodukt abgrenzen liege, so kann es sich naturgemäß schon wegen seines Zusammenhangs mit dem in kontinuierlicher Veränderung begriffenen Eigenkörper und wegen des fortwährenden Wandels der körperlichen Umwelt nicht allein in Identität erhalten. Die Phänomene der Charakterfestigkeit und der Willensbeharrlichkeit überhaupt besagen nichts dawider, denn sie zeigen nur, daß die subjektive Willensbetätigung lange in gleicher Richtung erfolgen kann, nicht aber, daß alle ihre aufeinanderfolgenden einzelnen Akte auch in jedem anderen Betracht unter sich absolut gleich wären; im Gegenteil erweisen sich ja jene Eigenschaften gerade erst in verschiedensten Augenblickslagen, und wie die Verschiedenheit des Gegenstandes, so variiert auch die Verschiedenheit der Umstände bereits die einzelnen Willensakte, diese Gegenstände und Umstände aber wandeln sich eben kontinuierlich.

Ist nun aber die äußere Erfahrungswelt des einzelnen Menschen (die Körperwelt einschließlich seines eigenen Körpers) wie auch sein inneres Erfahrungsich in Wahrheit gar nicht vorhanden: wie kann sie dann »ihm« vorhanden scheinen? Wer oder was ist dieser » er«, der die Illusion der Existenz beider Erfahrungswelten hat? Denn wäre überhaupt nichts vorhanden, so wäre auch eine solche Illusion nicht möglich, setzt doch jede Illusion mindestens ein Wirkliches voraus, das in der Illusion befangen ist.

Es ist evident, daß dieses von unserer Logik geforderte Wirkliche nicht Objekt des menschlichen Bewußtseins sein kann, denn in diesem Fall müßte es der äußeren Erfahrung oder der inneren, dem Erfahrungsich, angehören beziehungsweise damit identisch sein, also selbst illusorisch sein. Von allem aber, was wir zunächst wissen, scheint nach Ausschaltung der Objekte des Bewußtseins nichts anderes übrig zu bleiben als dieses Bewußtsein des Einzelmenschen selbst. Es ist dies kein allgemeines Wissen, das gleichmäßig über der gesamten menschlichen Erfahrungswelt schweben würde, alle ihre illusorischen Wesen auf gleiche Weise und in gleichem Maße erfassend; es zeigt wohl als »Selbstbewußtsein« auch die Innenwelt eines einzelnen Menschen, aber nicht ebenso unmittelbar die Innenwelt der übrigen Menschen oder anderer Wesen und Dinge der menschlichen Erfahrungswelt, und es zeigt die Außenwelt vom Standpunkt des betreffenden einzelnen Menschen, nicht aber auch vom Standpunkt jedes einzelnen anderen Menschen oder der anderen Wesen und Dinge der menschlichen Erfahrungswelt; sein »Inhalt« ist also bei jedem einzelnen Menschen verschieden. Da es eine Art schöpferischer Zustand, schöpferisches Wirken oder schöpferische Tätigkeit, ja eine für den betreffenden Einzelmenschen »weltschaffende« Tätigkeit (analog der Phantasietätigkeit oder dem Traumzustande) ist, sieht man sich sofort genötigt, nach dem Subjekt dieser »Tätigkeit« oder »Wirksamkeit« zu fragen, nach dem Ich, das als in diesem »Zustand« befindlich gedacht werden muß. Das innere Erfahrungsich kann nicht dieses Subjekt sein, denn es ist selbst eines der Objekte des Bewußtseins. Man wird aber sofort auf den rechten Weg gewiesen, wenn man bedenkt, daß das Bewußtsein dem einzelnen Menschen nicht bloß einesteils dessen Körper und die Körper der Umwelt, andernteils das innere Erfahrungsich des Betreffenden zeigt, sondern daß es ihm auch den engen, persönlich-einheitlichen Zusammenhang seines inneren Erfahrungsichs mit seinem Körper (als seinem äußeren Erfahrungsich) nachdrücklich zu Gemüte führt. Hiernach muß das gesuchte »eigentliche« Ich-Sein – der Inhaber des Bewußtseins – den gesamten Einzelmenschen, den unräumlichen, seelischen wie auch den räumlichen, körperlichen in sich schließen, aber nicht etwa im Sinne einer bloßen Kollektiv-Einheit, sondern auf eine andere, einheitlichere, unserer äußeren wie auch unserer inneren Erfahrung nicht zugängliche Weise. Von diesem umfassenden »persönlichen« Ich, welches mit dem auffallend veränderlichen inneren Erfahrungsich nicht identisch ist, weiß jeder Mensch aus eigenstem Alltagserleben, wenn sich auch die wenigsten über seine Nichtidentität mit dem inneren Erfahrungsich klar zu werden pflegen. Aber von jedem wird eben dieses umfassende Ich nicht im Objektsinne (wie

die innere und äußere Erfahrung) gewußt, s o n d e r n   d u r c h
u n m i t t e l b a r e s   S i c h m i t i h m e i n s w i s s e n, und zwar (im
Gegensatze zu dem eigenen Körper wie auch zu dem inneren Erfahrungsich, die beide eine Menge differenziertester Qualitäten
aufweisen) l e d i g l i c h als » b e w u ß t e s   I c h - S e i n « ohne irgendwelche anderen Besonderungen; und während die beiden
Erfahrungsiche, das körperliche und das seelische, sich uns in fortwährend kontinuierlicher Veränderung zeigen, fühlt sich oder
erscheint sich dieses unser »bewußtes Ich-Sein« ihnen gegenüber
wie auch gegenüber der fortwährend kontinuierlich sich wandeln-
den Umwelt der menschlichen Erfahrung u n v e r ä n d e r l i c h. Als
»ruhender Pol in der Erscheinungen Flucht« gibt es durch seine
Einheit und Beständigkeit der illusorischen Existenz der beiden
Erfahrungsiche, des seelischen und des körperlichen, gewissermaßen erst die nötige feste Basis und die Möglichkeit zu belangreiche-
ren Leistungen. Es würde zu weit führen, diese letztere Tatsache
eingehend an den verschiedenen menschlichen Betätigungen nachzuweisen; erinnert sei lediglich an die ungeheure Bedeutung des
p e r s ö n l i c h e n   G e d ä c h t n i s s e s für die gesamte menschliche
Kultur, welches Gedächtnis unmöglich wäre, würde jedes von uns
lediglich ein Haufe zahlloser, in rapider Wesenswandlung begriffe-
ner Verschiedenheiten sein, wäre nicht jedes von uns mindestens
r e l a t i v gegenüber all seinem Verschiedenen und auffallend Veränderlichen und in einer für die Lebenspraxis durchaus hinreichenden A n n ä h e r u n g zugleich auch ein homogenes (in sich einheit-
liches) und unverändert dauerndes Ich-Sein, auf das all dies Variab-
le bezogen werden kann. Überall, wo wir (um wieder in Goethe-
schen Worten zu sprechen) »mit dauernden Gedanken befestigen,
was in schwankender« Erscheinung schwebt«, zeigt dieses unser
anscheinend unverändert dauerndes bewußtes Ich-Sein die Unent-
behrlichkeit seiner Existenz. Es muß indessen nachdrücklich betont
werden, daß der Einzelmensch für die a b s o l u t e Unveränderlichkeit seines bewußten Ich-Seins keinen B e w e i s hat und haben
kann, daß er vielmehr nur gegenüber den wandelbaren äußeren
und inneren Erscheinungen niemals eine Veränderung an ihm
f e s t z u s t e l l e n vermag und es daher für unveränderlich halten
muß: wobei die Möglichkeit offen bleibt, daß es sich während der
Lebenszeit des betreffenden einzelnen Menschen in verhältnismäßig so minimalem Maße kontinuierlich verändert, daß er die Verän-

derung gar nicht bemerken kann, und daß es daher praktisch für ihn nur als etwas völlig Unveränderliches in Betracht kommt. Durch eine Analogie aus der gewöhnlichen Erfahrung läßt sich klar machen, daß die Wahrnehmung der Veränderungen, die unser körperliches wie auch unser inneres Erfahrungsich kontinuierlich erleiden, nicht etwa schon die a b s o l u t e U n v e r ä n d e r l i c h - k e i t unseres wahrnehmenden »bewußten Ich-Seins« beweist; wir bemerken nämlich im Alltagsleben bei konzentriertem Betrachten eines rasch bewegten Gegenstandes dessen schnelle Ortsveränderung nicht nur, wenn wir selbst uns nicht von der Stelle rühren, sondern auch dann, wenn wir uns erheblich l a n g s a m e r a l s e r in gleicher Richtung bewegen.

Da das (illusorische) Erfahrungs- S u b j e k t (das innere Erfahrungsich) und das (illusorische) unmittelbare Erfahrungs- O b j e k t (das äußere Erfahrungsich, der Körper) des Einzelmenschen in dem und mit dem zugehörigen, mindestens »realeren« <u>Dieser scheinbar widersinnige Ausdruck ist insoferne (obschon nur als eine Art Notbehelf) berechtigt, als das »bewußte Ich-Sein«, auch wenn es selbst veränderlich sein sollte, durch die in gleicher Zeit weit geringere Veränderlichkeit dem unveränderlichen realen Sein a n g e n ä h e r t erschiene (wiewohl es dann gleichfalls illusorisch wäre); ferner aber auch, weil der t a t s ä c h l i c h reale »Träger der Illusion« jedenfalls in ihm »stecken« muß, und nicht in dem Erfahrungsmenschen enthalten oder mit diesem oder einer seiner beiden »Hälften« identisch sein kann. </u>) (weil mindestens in weit geringerem Maße und viel langsamer sich verändernden) »bewußten Ich-Sein« irgendwie zu einer Einheit verbunden ist, müssen jene zwei unbekannten »Wesenskerne«, die als Träger der Wechselwirkungen logisch angenommen werden mußten, beide zunächst in das »bewußte Ich-Sein« verlegt werden. Wäre das »bewußte Ich-Sein« selbst r e a l (tatsächlich absolut unveränderlich, was es, wie wir bald sehen werden, n i c h t sein kann), so wären jene beiden »Wesenskerne« i n i h m u n d m i t i h m a b s o l u t i d e n t i s c h. Jedenfalls aber erscheint das »bewußte Ich-Sein« auch dadurch der Realität mehr angenähert als das Erfahrungs-Subjekt und das unmittelbare Erfahrungs-Objekt, daß deren realer Kern in i h m (wenn auch nicht als mit ihm absolut identisch) zu suchen ist. Da wir nun wissen, daß die beiden Erfahrungsiche des Einzelmenschen jedenfalls in dem und mit dem

»bewußten Ich-Sein« eine Einheit bilden, also untrennbar zusammengehören, sei der illusorische Einzelmensch der Erfahrung im folgenden als »menschliches S u b j e k t - O b j e k t« bezeichnet.

Keine erfahrungswissenschaftliche Erkenntnis und kein rein logischer Grund spricht dagegen und viele Einsichten beider Art sprechen dafür, daß alle vorstehenden Ergebnisse der denkenden Untersuchung nicht nur für jeden einzelnen Menschen, auch für sämtliche anderen Lebewesen unserer Erfahrungswelt, also für Tier- und Pflanzenindividuen, ja irgendwie auch für die anorganischen Einzeldinge Geltung haben: wenngleich man diesen natürliche Eigenschaften und Fähigkeiten, die im Menschen generell höher entwickelt sind, selbstverständlich nur in weit geringerem und allergeringstem Grade zuschreiben darf. Schon die logische Unhaltbarkeit irgendwelcher dualistischen oder pluralistischen, nicht einheitlichen Welterklärung, aber auch gar manches bedeutsame Ergebnis der neueren Naturforschung spricht gegen eine wesentliche, qualitative Abgrenzung zwischen Mensch und Tier, oder zwischen Tier und Pflanze, oder auch nur zwischen der organischen und der anorganischen Welt. Wir betrachten und bezeichnen daher im Folgenden auch die Tier- und Pflanzenindividuen wie auch die anorganischen Einzeldinge als tierische, pflanzliche, anorganische »Subjekt-Objekte« der illusorischen menschlichen Erfahrungswelt. Während bei den menschlichen Subjekt-Objekten sich das Subjektive und das Objektive bereits in ungefährem »Gleichgewicht« befinden, herrscht bei den tierischen das Objektive noch bei weitem vor, bei den pflanzlichen Subjekt-Objekten in noch viel höherem Maße als bei den tierischen, und bei den anorganischen so sehr, daß man da höchstens in der Tendenz der Stoffe zur Individualisierung, wie sie in den Kristallindividuen, ihrem Wachstum und ihrer Selbstbehauptung gegenüber unmittelbar benachbarten oder mit ihnen verwachsenen Individuen gleicher Art deutlich hervortritt, Spuren einer »subjektiven Betätigung« im Persönlichkeitssinne wahrnimmt, während im übrigen nur die rein mechanischen Reaktionen gegen die Nebendinge als subjektive Kraftäußerung aufgefaßt werden können. Freilich aber darf man dabei nicht vergessen, daß sich auch die meisten scheinbar amorphen (d. h. formlosen, nicht kristallisierten) Körper als Aggregate mikroskopischer Kriställchen erwiesen haben, die sich nur gegenseitig in der vollen Ausbildung verhinderten, ferner, daß man neuerdings auch f l ü s s i g e Kristalle entdeckte, endlich, daß – wie bereits erwähnt wurde – die moderne Naturwissenschaft sich gezwungen sah, jedes »Atom« als ein bewegtes »Elektronen-System« anzunehmen, und daß somit ein Teil der Bewegungen dieses Systems als solche »subjektiven« Charakters aufgefaßt und überhaupt jedes anorganische Einzelding demnach als ein Aggregat von Atom-Subjektobjekten betrachtet werden könnte. Die Tierindividuen haben statt der hochentwickelten bewußten Subjektivität der Menschenindividuen noch eine solche von sehr niedrigem Bewußtseinsgrad, die sich aber immerhin als bewußte Subjektivität wenigstens bei den höheren Tiergattungen bereits nachweisen läßt; im übrigen äußert sich das Subjektive da noch in unbewußten Instinkten, die den Interessen des Ichs dienen. Noch ganz unbewußt und instinktiv ist, wenigstens für menschliche Beobachtung, die Subjektivität der pflanzlichen Subjekt-Objekte, sie gibt sich nur in gewissen zweckdienlichen Reaktionen auf äußere Reize kund, so beispielsweise in den Fangbewegungen fleischfressender Pflanzen, in den »Schlafbewegungen« der Blüten oder Laubblätter vieler Pflanzenarten, in den auffälligen Wendungen der Pflanzen dem Lichte zu, in den merkwürdigen rotierenden Wachstumsbewegungen der Schlingpflanzen und Rankengewächse, in den komplizierten Bewegungen, mit denen die Mimose schon auf geringste äußere Reize antwortet, und anderem mehr.

Daß es berechtigt ist, die Instinkthandlungen der Tiere und Pflanzen q u a l i t a t i v von den bewußt subjektiven Tätigkeiten der höheren Tiere und der Menschen scharf abzugrenzen – wer könnte das kurzweg behaupten? Es ist möglich, ja es ist immer noch wahrscheinlicher als das Gegenteil, daß der »Instinkt« der Tiere und der Pflanzen nur ein geringerer G r a d derselben Fähigkeit ist, deren höchste uns bekannte Steigerung wir eben bewußte Eigentätigkeit nennen. Und in solchem Sinne kommt wohl selbst den anorganischen Einheiten ein Minimum von »Bewußtsein« zu. Wie man sich diese Gradunterschiede der Subjektivität und des »Bewußtseins« bei den verschiedenen Gattungen von Subjekt-Objekten gar nicht groß genug vorstellen kann, so muß auch das natürliche Vorstellungsbild der Umwelt, die generelle Welt der äußeren Erfahrung, für Subjekt-Objekte verschiedener Gattung in unausdenkbarem Maße verschieden sein. Die »Welt« eines Hundes ist ohne Frage eine ganz andere als die eines Menschen, und die »Welt« einer Mücke unterscheidet sich wieder durchaus von der eines Hundes. Was aber mag erst jenes »minimale Bewußtsein« eines Kristalls oder eines Atoms sich als »Welt« vorstellen? Man könnte versucht sein, in dieser unzweifelhaften Verschiedenheit der »Erfahrungswelt« je nach der Gattungszugehörigkeit des betreffenden Subjekt-Objekts, welche Verschiedenheit übrigens auch noch durch die naturgemäß verschiedene Vorstellung der e i n z e l n e n Subjekt-Objekte g l e i - c h e r Gattung gesteigert wird, einen neuen Beweis für den i l l u - s o r i s c h e n C h a r a k t e r jeder solchen Erfahrungswelt, auch der unseren, zu erblicken; allein dieser Beweis wäre kein vollständiger, denn es bleiben da trotz allem gewisse Gemeinsamkeiten, auf die sich die »Weltgläubigen« mit einiger Verteidigungsaussicht zurückziehen könnten.

Die etwa vorhandenen mehr oder weniger menschenähnlichen oder auch mit noch höheren natürlichen Fähigkeiten begabten Lebewesen auf anderen Weltkörpern braucht eine denkende Untersuchung wie die unsere überhaupt nicht mit in Betracht zu ziehen. Da die Naturwissenschaft die biologische Möglichkeit solcher Wesen nicht bestreiten kann, und die Wahrscheinlichkeit eher gegen als für die Annahme spricht, daß einzig unsere Erde den Vorzug organischen Lebens und intelligenter Bewohner haben sollte, mag es Marsmenschen und Jupitermondkälber geben: aber w e n n es sie gäbe, g e h ö r t e n sie d o c h n i c h t z u u n s e r e r m e n s c h l i c h e n E r f a h r u n g s w e l t, d e r e n l o g i s c h e E r k l ä r u n g e i n z i g u n d a l l e i n u n s e r e A u f g a b e i s t. Es wird sich zeigen, daß auch diese Erklärung u n s e r e r Erfahrungswelt auf ihrem Weg ins Kosmische mündet, und daß sie auch allen Phantasiefreudigen reichliche Anregung zu geben vermag.

Mit den Ergebnissen dieser mehr ins einzelne gehenden Voruntersuchungen über unsere Erfahrungswelt sei nun zu dem Hauptproblem ihrer logischen Gesamterklärung zurückgekehrt. Wir fanden, daß unsere menschliche Erfahrungswelt aus einer Vielheit generell und individuell verschiedener Subjekt-Objekte besteht, daß jedes dieser Subjekt-Objekte eine Einheit (mindestens eine Vorstellungseinheit) darstellt, und daß jede dieser Einheiten wieder eine Vielheit von Einheiten in sich zusammenfaßt, die wieder als Subjekt-Objekte erscheinen: welche Zusammensetzung beziehungsweise natürliche Teilbarkeit die Naturwissenschaft noch über die Grenzen experimenteller Feststellbarkeit hinaus annehmen muß. Wir überzeugten uns ferner, daß alle diese Subjekt-Objekte als solche i l l u s o r i s c h, w e s e n l o s, u n w i r k l i c h sind, auch wir selbst als Einzelmenschen unserer Erfahrung, unser k ö r p e r l i c h e s Erfahrungsich wie auch unser i n n e r e s Erfahrungsich, weil beide weder der Forderung der Wesensselbständigkeit noch auch der Forderung der Wesensdauer genügen. Wir sahen, daß alle Subjekt-Objekte, auch die Einzelmenschen unserer Erfahrungswelt in Wahrheit nur Wechselwirkungsprodukte von Unbekannten sind, die nicht unserer Erfahrungswelt angehören, aber als »Wesenskerne« aller Erfahrungssubjekte und aller Erfahrungsobjekte angenommen werden müssen: und wir mußten uns überzeugen, daß sich der Wirkungsanteil eines solchen »Wesenskerns« an dem zugehörigen Wechselwirkungsprodukt (das heißt: an der Beschaffenheit des Subjekts oder an der Beschaffenheit des Körpers, dessen »Wesenskern« er ist) auf keine Weise abgrenzen läßt. Wir fanden dann in dem »bewußten Ich-Sein« jedes einzelnen menschlichen Subjekt-Objekts etwas, das als unmittelbar, durch Identität gewußt außerhalb unserer illusorischen menschlichen Erfahrungswelt liegt und wegen seiner anscheinenden Identitätsdauer gegenüber der kontinuierlichen Veränderlichkeit unserer ganzen äußeren und inneren Erfahrungswelt mindestens für »realer« gelten muß als diese; auch stellten wir fest, daß die angenommenen »Wesenskerne« der beiden illusorischen menschlichen Erfahrungsiche in diesem »bewußten Ich-Sein« des einzelnen menschlichen Subjekt-Objekts irgendwie enthalten sein müssen. Endlich gelangten wir zu der Überzeugung der q u a l i t a t i v e n G l e i c h a r t i g k e i t der n i c h t m e n s c h l i c h e n illusorischen Einzelwesen und Einzeldinge mit den menschlichen Subjekt-Objekten und ihrer n u r g r a d m ä ß i g e n Verschiedenheit von diesen, da auch bei ihnen die Subjektivität, in einer primitiven oder primitivsten Form, vorhanden ist: sodaß etwas dem »bewußten Ich-Sein«, das mit dem menschlichen Subjekt-Objekt in so unmittelbarem Zusammenhang steht, irgendwie Analoges auch bei ihnen angenommen werden muß, das auch bei ihnen jene unbekannten »Wesenskerne« (als die Autoren der »Wechselwirkungen«) enthält. – Wir fassen aber, getreu der ursprünglichen Aufgabe, zunächst wieder nur die i l l u - s o r i s c h e m e n s c h l i c h e E r f a h r u n g s w e l t s e l b s t a l s s o l c h e ins Auge. Nun fordert jede festgestellte Illusion logisch e i n R e a l e s , d a s i n d e r I l l u s i o n b e f a n g e n i s t : und dieses Reale scheint auch bereits gefunden, sei es daß man das »bewußte Ich-Sein« tatsächlich selbst für real nehmen oder wenigstens die in ihm enthaltenen »Wesenskerne« des illusorischen äußeren und des illusorischen inneren Erfahrungsichs als Realitäten gelten lassen wollte. In beiden Fällen lägen unserer illusorischen Erfahrungswelt zahllose voneinander gesonderte (in der Illusion befangene) Reale zugrunde, und diese zahllosen Realen müßten sämtlich untereinander v e r s c h i e d e n sein: denn die Verschiedenheit der »bewußten Ich-Wesen« wurde im Vorigen bereits festgestellt, und wenn es sich um die »Wesenskerne« handeln würde, müßten auch diese schon deshalb untereinander verschieden sein, weil ihre Wechselwirkungsprodukte – die illusorischen Subjekt-Objekte – untereinander verschieden sind. Nun sind aber schon z w e i Reale nebeneinander l o g i s c h u n m ö g l i c h (welche Unmöglichkeit bereits in unserer früheren Ausführung über die Atom-Frage deutlich zutage trat). Selbst wenn diese zwei Realen durchaus g l e i c h wären, würden sie sich doch infolge des Mitbesitzes der Realität (infolge ihres Nebeneinanderseins) gegenseitig bedingen und beschränken und damit ihr Wesen gegenseitig bestimmen, während doch nur v ö l l i g s e l b s t e i g e n e s Wesen real sein kann, nur ein Wesen, das seine sämtlichen Eigenschaften behält, auch wenn beliebige andere Dinge oder alle anderen Dinge aufhören zu existieren. Dächte man aber das e i n e von den zwei Realen weg, so verlöre das a n d e r e sofort die Wesenseigenschaft, nicht das einzige Reale zu sein, sondern die Realität mit einem anderen Realen zu teilen. Bei zwei v e r s c h i e d e n e n Realen liegt die logische Unmöglichkeit natürlich noch klarer zutage, verlöre doch da jedes von den beiden beim Wegdenken des andern alle seine »Verschiedenheit« von ihm, das heißt: alle seine besonderen Wesensqualitäten. E s k a n n d a h e r n u r e i n R e a l e s g e b e n, u n d d i e s e s e i n e R e a l e m u ß i n d e r I l l u s i o n b e f a n g e n s e i n. Die »bewußten Ich-Wesen« sind demnach nicht real, sondern illusorisch (wenn sie auch nicht in demselben Grade illusorisch sein können als die illusorischen Subjekt-Objekte der menschlichen Erfahrungswelt und a u f i r g e n d w e l c h e W e i s e d e r R e a l i t ä t n ä h e r s t e h e n m ü s s e n); sie können daher a u c h n i c h t u n v e r ä n d e r l i c h sein, vielmehr muß ihre scheinbare Unveränderlichkeit sich nur daraus ergeben, daß sie sich gegenüber der menschlichen Erfahrungswelt in gleicher Zeit bei weitem weniger, also für die Lebenszeit eines Menschen nur ganz unmerklich verändern (wie das bereits im Vorigen als m ö g l i c h betont wurde). Ferner sind auch die untereinander verschiedenen »realen Wesenskerne« der Erfahrungssubjekte und Erfahrungsobjekte nach dem eben Erkannten unmöglich, vielmehr kann das reale Wesen, das den verschiedenen Wechselwirkungsprodukten (also den Subjekt-Objekten beziehungsweise ihren Subjekten und Objekten) zugrunde liegt, nur das eine und einzige Reale – also für alle dasselbe – sein. Es muß aber sofort betont werden, daß diesem »einen und einzigen« Sein nicht etwa »Einheit« im Sinne jener Einheit zugeschrieben werden darf, die wir (zugleich mit dem Charakter der »Vielheit«, der Zusammengesetztheit aus vielen Einheiten) den illusorischen Subjekt-Objekten zuerkennen müssen, und die identisch ist mit der Zusammenfassung einer Vielheit von Subjekt-Objekten zu einer Einheitsvorstellung im Bewußtsein beziehungsweise Selbstbewußtsein eines Subjekt-Objekts, die also selbst (wie auch die »Vielheit«) keine reale, sondern eine illusorische »Eigenschaft« ist. Wenn das reale Sein als das »eine und einzige« bezeichnet wird, bedeutet das vielmehr lediglich, daß es nichts Reales neben ihm gibt.

Was läßt sich nun von dem Realen sagen, außer dem einen, daß es in der Weltillusion – genauer: in der Illusion unserer menschlichen Erfahrungswelt und in der Illusion der Existenz der »bewußten Ichwesen«) <u>Gemeint ist die Mehrzahl des »bewußten Ich-Sein«.</u> – befangen ist? Schon aus allem vorher Festgestellten ergibt sich mit Notwendigkeit, daß dem Realen selbst – das heißt: dem, was in der Illusion befangen ist – keine bestimmte Eigenschaft irgendwelcher Art zugesprochen werden darf. Der Begriff »Bestimmtheit« ist ja lediglich aus den Relationen (Wechselwirkungen, wechselseitigen Bedingtheiten) unserer Erfahrungswelt abstrahiert und bedeutet nichts anderes als die wechselseitige Bestimmtheit und Bedingtheit nebeneinander illusorisch existierender Subjekt-Objekte, welche Bestimmtheit natürlich für das Reale, eben weil es real ist, nicht in Betracht kommen kann. Es ist demnach absolut unbestimmtes Sein. Und da dieser negative Ausdruck für das Reale (der das Wesen des realen Seins nur vom Standpunkt der illusorischen Welt als nicht zu ihr gehörig, als nicht illusorisch bezeichnet) der eminent positiven Bedeutung des realen Seins nicht gerecht wird, setzt man dafür besser die gleichbedeutende, aber würdigere und die vom Wortlaut nahegelegte falsche Vorstellung eines v e r s c h w o m m e n e n Etwas ausschließende Bezeichnung: » S e i n v o l l k o m m e n f r e i e r S e l b s t b e s t i m m u n g «. Da aber außer dem »Sein vollkommen freier Selbstbestimmung« nichts Reales existiert, kann es auch nicht von a n d e r e r Seite in die Illusion (der Weltexistenz) verseht, zum »Träumen der Welt« veranlaßt sein, vielmehr muß es sich s e l b s t in die Illusion versetzen oder (menschlich-zeitlich betrachtet) »versetzt haben«. Im Besitz dieser neuen Einsicht versteht man jetzt auch durchaus, warum sich der Anteil einer der ursprünglich angenommenen »realen Wesenskerne« an den Wechselwirkungsprodukten (d.h. an den Erfahrungs-Subjektobjekten) n i c h t a b g r e n z e n l i e ß, denn da statt aller der vermeintlichen vielen »Realen«, welche (nach unserer ursprünglichen Auffassung und Annahme) die menschliche Erfahrungswelt gestalten sollten, in Wahrheit nur das eine und einzige Reale die Welt »träumt«, ist da eine Abgrenzung »verschiedener Urheber« sachgemäß unmöglich. Eine genauere Überlegung belehrt uns nun aber, daß die letztgewonnene Vorstellung, als täusche das reale Sein sich die Welt wie eine Folge von (scheinbar) objektiven Traumbildern vor, noch keineswegs die entsprechende ist (soweit da Vorstellungen überhaupt »entsprechend« sein können). Denn wenn auch die Subjekt-Objekte der menschlichen Erfahrungswelt unwirkliche Illusionen, selbstsuggerierte »Träume« des realen Seins sind, so haben sie (oder richtiger: hat das reale Sein a l s s i e) doch erfahrungsgemäß auch s e l b s t die Illusion ihrer eigenen Wirklichkeit und der Wirklichkeit ihrer Neben-Subjektobjekte; ja noch mehr: jene der Realität irgendwie mehr angenäherten »bewußten Ichwesen«, die den »Welttraum« gleichfalls »selbst« träumen (richtiger: a l s w e l c h e das reale Sein gleichfalls den Welttraum träumt), träumen ihn offenbar weniger intensiv, sind dabei gewissermaßen »wacher« (richtiger: das reale Sein ist a l s s i e gewissermaßen weniger traumbefangen): und in einunddemselben (scheinbar) »objektiven« Traumbild könnten diese »Träume verschiedenen Illusionsgrades« nicht vereint sein. Vielmehr muß der »autosuggestive« Illusionszustand des realen Seins darin bestehen, daß es a l s j e d e s, d e r i l l u s o r i s c h e n S u b j e k t - O b j e k t e r e a l z u e x i s t i e r e n w ä h n t, und zwar als Subjekt-Objekte von verschiedenstem Entwicklungsgrad, aber gleichem Illusionsgrad u n d als Subjekt-Objekte von verschiedenem Illusionsgrad (wie einerseits die anorganischen, pflanzlichen, tierischen, menschlichen illusorischen Subjekt-Objekte, anderseits die »bewußten Ichwesen«, die n i c h t derselben Illusions-, das heißt: Erfahrungssphäre angehören, uns zeigen); es »träumt« sich also v e r w a n d e l t in alle diese illusorischen Subjekt-Objekte und träumt a l s s i e die »Welten« verschiedenster Entwicklungs- und Illusionsgrade.

Wir gehen nun einen Schritt weiter und fragen, wiederum zunächst von unserer m e n s c h l i c h e n Erfahrungswelt ausgehend: a u f w e l c h e W e i s e, nach welchem elementaren Prinzip erfolgt diese autosuggestiv-illusorische Verwandlung des realen Seins in die (illusorischen) Subjekt-Objekte der menschlichen Erfahrungswelt? Läßt sich in dieser unserer menschlichen Erfahrungswelt, die ja allein uns hierüber Aufschluß geben könnte, die Wirksamkeit einer allgemeinsten Tendenz oder mehrerer allgemeinster Tendenzen erkennen, die das Bild dieser Welt hervorbringt oder hervorbringen und daher als das gesuchte Prinzip des »Welttraums«, als jene freie autosuggestive »Kraftäußerung« des realen Seins gelten kann beziehungsweise gelten können, welche unsere Erfahrungswelt als Illusion schafft?

Die a l l g e m e i n s t e B e s c h a f f e n h e i t dieser unserer Erfahrungswelt muß hierauf Antwort geben. Beim Feststellen der allgemeinsten Eigenschaft oder der allgemeinsten Eigenschaften unserer Erfahrungswelt ist aber äußerste Vorsicht geboten; denn die Einstellung einer a n d e r e n Eigenschaft oder a n d e r e r Eigenschaften als der allgemeinsten in die logische Entwicklung müßte die Irrtümlichkeit aller weiteren logischen Feststellungen nach sich ziehen u n d h a t s i e a u c h b e i d e r g r o ß e n M e h r z a h l d e r P h i l o s o p h e n n a c h s i c h g e z o g e n. Vor allem wird man sich – wie bereits angedeutet wurde – davor hüten müssen, den Subjekt-Objekten, aus denen ja unsere Erfahrungswelt besteht, eine Eigenschaft als die allgemeinste zuzuschreiben, die a l l e i n d e r s u b j e k t i v e n oder a l l e i n d e r o b j e k t i v e n Erfahrungswelt angehört; in Betracht kommt nur die allgemeinste Eigenschaft, oder kommen, wenn es sich um mehrere g l e i c h allgemeine handeln sollte, nur die allgemeinsten Eigenschaften, welche die subjektive und die objektive Welt g e m e i n s a m haben. Man findet nun nach reiflicher Überlegung nur zwei Eigenschaften, die allen Erfahrungssubjekten wie auch allen Erfahrungsobjekten gemeinsam sind, nämlich die Eigenschaften der Einheitlichkeit und der Vielheitlichkeit: denn jedes Erfahrungsobjekt ist zugleich eine Einheit (mindestens als Vorstellungseinheit) und eine Vielheit (mindestens von Empfindungsinhalten), und ebenso ist jedes Erfahrungssubjekt zugleich eine Einheit (als jeweiliges, wandelbares Ich) und eine Vielheit (von subjektiven Tätigkeiten). Demnach ist unsere Erfahrungswelt das gemeinsame Werk zweier Tendenzen des realen Seins: einer dieses Sein vervielheitlichenden (differenzierenden, besondernden, bindenden, Unterschiede, Bewegungen und Veränderungen hervorrufenden) Tendenz, welche Empfindungen (im objektiven Sinne der Empfindungsinhalte wie auch im subjektiven Sinne des Empfindens) ermöglicht, und einer dieses Sein vereinheitlichenden (identifizierenden, verallgemeinernden, befreienden, gemeinsame Eigenschaften, Ruhe und Unveränderlichkeit anstrebenden) Tendenz, welche Einheitsvorstellungen (im objektiven Sinne der vorgestellten Einheiten wie auch im subjektiven Sinne des vereinheitlichenden Vorstellens) ermöglicht. Daß jedes Subjekt-Objekt unserer Erfahrungswelt zugleich eine Einheit und eine Vielheit ist (also, um die Bezeichnung eines neueren Philosophen zu gebrauchen, eine »Wesenseinheit von Gegensätzen«), bedeutet ganz wie die Tatsache, daß es eine Wesenseinheit von Subjekt und Objekt ist, keinen logischen Widerspruch, sondern nur eine Bestätigung seiner bloß illusorischen Existenz beziehungsweise der logischen Richtigkeit unserer Feststellungen; nur wenn dergleichen von etwas Realem behauptet würde, ergäbe sich daraus die logische Unmöglichkeit des Behaupteten (und zwar nach dem Identitätsprinzip).

Dem Wesen des realen Seins entsprechend, für dessen Tendenzen keine Schranken des Raumes oder der Zeit existieren können (weil ja alles Räumliche oder Zeitliche für das reale Sein gar nicht vorhanden ist), müssen nun aber beide Tendenzen (für die Anschauung eines illusorischen Subjekt-Objekts) sich im Räume wie auch in der Zeit unendlich auswirken. Bestünde und wirkte die vervielheitlichende Alltendenz allein, so wäre die »Welt« ein wirres, völlig unvorstellbares » Chaos« ohne irgendwelche Zusammenfassung zu Einheiten, zu irgendeiner Ordnung; wirkte aber die vereinheitlichende Alltendenz allein, so wäre die »Welt« eine starre, die Unendlichkeit des Raumes erfüllende, absolut homogene, unveränderlich ruhende E i n h e i t des Seins. Illusorische Existenzen, wie wir es sind, die eine V o r s t e l l u n g von der Welt haben, wären in j e d e r von diesen beiden Welten logisch u n m ö g l i c h. Nur durch das beständige Zusammenwirken b e i - d e r Alltendenzen läßt sich das tatsächliche Weltbild unserer Erfahrung erklären, das überall und immer eine bewegte und wandelbare Vielheit von Einheiten zeigt, die selbst wieder aus einer Vielheit von Einheiten bestehen und zu einheitlichen Systemen geordnet sind: welche Systeme entweder einander »in immer weiteren Kreisen« einschließen oder in einheitlicher Gesetzmäßigkeit ineinander übergreifen oder auch einander »im Gleichgewicht halten«. (Man denke an die Elektronen-Systeme, an den Bau der Kristall-Individuen, an den Aufbau der Organismen aus Zelleinheiten, die zugleich doch wieder Vielheiten sind, an Individuen und Genera, an Sonnen- und Weltensysteme, an Staatswesen und Kulturgemeinschaften jeder Art.) Auch jede H ö h e r e n t w i c k l u n g in unserer Erfahrungswelt (generelle Höherentwicklung der Lebewesen, individuelle Höherentwicklung des einzelnen Menschen usw.) schafft mit jedem Schritt vorwärts eine neue Einheit höheren Grades, aber ebenhiermit auch eine höhergradige Differenzierung (Vervielheitlichung) des Seins, und gleichzeitig auch durch die Veränderungen, die sich daraus nach innen (Teil-Einheiten der neuen Einheit) wie auch nach außen (übrige Subjekt-Objekte) ergeben, zahllose andere neue Einheiten und Differenzierungen (Vielheiten). Insbesondere bedeutet auch die Höherentwicklung eines (rastlos sich verändernden) menschlichen Ichs der inneren Erfahrung (genauer: die R e i - h e der v e r s c h i e d e n e n Erfahrungsiche, die einander als Inhalt des Selbstbewußtseins a b l ö s e n) nicht bloß das Entstehen jeweils e i n e r Einheit und Seinsdifferenzierung höheren Ranges, sondern auch, infolge der allseitigen Wechselwirkungen unter den Subjekt-Objekten, das Entstehen zahlloser anderer neuer Einheiten und Differenzierungen entsprechend höheren Ranges.

Da die beiden Alltendenzen der Vervielheitlichung (Differenzierung) und der Vereinheitlichung (Identifizierung) im Raume und in der Zeit s c h r a n k e n l o s ins U n e n d l i c h e sich auswirken müssen, so muß ihnen auch bezüglich des e i n z e l n e n Subjekt-Objekts schrankenlose, u n b e g r e n z t e, z e i t l i c h u n d r ä u m l i c h u n e n d l i c h e Wirksamkeit zukommen. Dem scheint nun aber das

Weltbild unserer gewöhnlichen äußeren Erfahrung zunächst zu widersprechen. Die anorganischen subjektiv-objektiven Einheiten werden nach kürzerer oder längerer (scheinbarer) Dauer selbst für die lässige Alltagsbeobachtung zerstört, durch mechanische Zertrümmerung oder chemische Umwandlung, und auch die höheren, organischen Einheiten, die pflanzlichen, tierischen und menschlichen Subjekt-Objekte, fallen früher oder später dem Tode anheim, der auch alle ihre organischen Teil-Einheiten als solche für unsere gewöhnliche Erfahrung ohne ersichtliche weitere Höherentwicklung mitvernichtet. Die anorganischen Einheiten (Subjekt-Objekte), in welche der Tod auch die höchstentwickelten organischen Einheiten zerlegt, bilden dann allerdings mit anderen anorganischen Einheiten neue anorganische Einheiten oder dienen auf dem Wege der Assimilation als Nährstoffe dem Aufbau neuer niederster organischer Einheiten, sodaß auch hier neue Vereinheitlichungen und neue Differenzierungen des Seins entstehen; allein die Weiter-Entwicklung der h o c h r a n g i g e n Vereinheitlichungen beziehungsweise Differenzierungen zu solchen noch höheren Ranges beziehungsweise Umfangs, also das Ins-Unendliche-Weiterwirken der vereinheitlichenden Alltendenz in B e z u g a u f s i e, i n d e r L i n i e i h r e r i n d i v i d u e l l e n H ö h e r e n t w i c k l u n g scheint da jäh abzubrechen. Man dürfte auch nicht etwa die Weiter-Vereinheitlichung (Weiter-Identifizierung) und die ebenhiermit erfolgende Weiter-Differenzierung des realen Seins als des »Wesenskerns« des betreffenden menschlichen Subjekt-Objekts d a r i n erblicken, daß mit der im Tode erfolgenden totalen Vernichtung der Illusion des realen Seins, (auch) als jenes menschliche Subjekt-Objekt zu existieren, sogleich d a s r e a l e S e i n selbst dessen »nächste (und letzte) Entwicklungsstufe« werde (was doch »gewiß eine glänzende Höherentwicklung« bedeute!). Da nämlich das reale Sein selbst, wie bereits gezeigt und nachdrücklich betont wurde, n i c h t als » E i n h e i t« gedacht werden darf (sondern nur als » e i n z i g e s Reales«), würde die »Auflösung des menschlichen Subjekt-Objekts in das reale Sein« oder seine »Verwandlung ins reale Sein« (– selbst wenn es logisch berechtigt wäre, das Verschwinden einer Illusion des realen Seins für eine V e r w a n d l u n g dieser Illusion i n s r e a l e S e i n zu nehmen, was natürlich auch nicht der Fall ist –) keine W e i t e r - V e r e i n h e i t l i c h u n g des realen Seins i n d e r L i n i e d e s betreffenden Subjekt-

Objekts bedeuten, und ebensowenig wäre sie (wie ja ohne weiteres klar ist) eine Weiter-Differenzierung des realen Seins (vielmehr eine Rückkehr ins völlig Nicht-Differenzierte). Außer dem Widerspruch gegen die allseitige und unendliche Wirksamkeit der beiden Alltendenzen spricht aber noch etwas anderes dafür, daß die Reihe der (immer umfassenderen) Vereinheitlichungen und (immer höher stehenden, immer »realeren«) Differenzierungen des realen Seins in der Entwicklungslinie des einzelnen Subjekt-Objekts unserer Erfahrungswelt mit dessen Zerstörung beziehungsweise Tod in Wahrheit nicht abbricht, sondern kontinuierlich weiterläuft: und das ist wieder jenes rätselhafte, den natürlichen Bedingungen unserer menschlichen Erfahrungswelt nicht unterworfene und dennoch als überschauendes Subjekt unmittelbar erlebte » bewußte Ich-Sein«. Denn seine Existenz beweist, daß es mindestens noch eine illusorische Welt höheren Grades (das heißt: geringerer Illusion) von weniger der Veränderlichkeit unterworfenen Subjekt-Objekten übermenschlicher Natur gibt, die mit jenen von den Menschen unmittelbar erlebten »bewußten Ich-Wesen« an die menschliche Erfahrungswelt angeschlossen, ja mit ihr aufs innigste verknüpft und in sie eingesenkt erscheint. Wir sind daher durchaus berechtigt, ja logisch genötigt, die individuelle Weiter-Vereinheitlichung und Weiter-Differenzierung des realen Seins in der Entwicklungslinie jedes menschlichen Subjekt-Objekts über dessen Tod hinaus anzunehmen. (Aus dem ersteren der beiden Gründe, die hierfür sprechen, scheint (!) auch eine individuelle Weiter-Vereinheitlichung und Weiter-Differenzierung des realen Seins in den Entwicklungslinien der einzelnen Tiere und Pflanzen über ihren physischen Zerfall hinaus denkbar. Für den besonderen Zweck dieser Schrift ist es aber nicht nötig, auch für dieses Gebiet die logischen Notwendigkeiten genauer zu untersuchen.)

Wie hat man sich nun die Weiter- und Höherentwicklung des illusorischen menschlichen Subjekt-Objekts nach dem Tode zu denken?

Nach den bisherigen Ausführungen muß diese Höherentwicklung darin bestehen, daß das in der Illusion befangene reale Sein, insofern es sich als das betreffende Subjekt-Objekt wirklich existierend wähnte (so wie es sich auch als die übrigen, von diesem verschiedenen illusorischen Subjekt-Objekte wirklich existierend wähnt), die entsprechend engen Grenzen des Selbstbewußtseins und Bewußtseins bis zu gewissen neuen Grenzen erweitert, sich also von dem Illusionszustand in gewissem Umfang befreit. Würde bei einem solchen Fortschritt der individuellen Höherentwicklung eines illusorischen menschlichen Subjekt-Objekts die Illusion gänzlich aufgehoben, so würde das eben nur die Vernichtung des betreffenden illusorischen Subjekt-Objekts als solchen und den Abbruch seiner unendlichen Höherentwicklung (der Weiter-Vereinheitlichung und Weiter-Differenzierung des realen Seins in der Linie dieser individuellen Entwicklung) bedeuten, also einen inneren Widerspruch. Was heißt das nun aber, daß die Illusion der menschlichen Erfahrungswelt für das reale Sein, insofern es sich als das betreffende einzelne menschliche Subjekt-Objekt wirklich existierend glaubte oder »träumte«, in gewissem Umfang aufgehoben wird? Diese Illusion bestand in der scheinbar getrennten »Realität« der verschiedenen menschlichen, tierischen, pflanzlichen und anorganischen Subjekt-Objekte; wird sie in gewissem Umfang, bis zu einem gewissen Grade für das sich als einzelnes menschliches Subjekt-Objekt träumende reale Sein aufgehoben, so muß es sich also als Subjekt-Objekt seiner Identität mit einem anderen Subjekt-Objekt oder mehreren, ja vielleicht vielen, aber nicht allen Subjekt-Objekten der menschlichen Erfahrungswelt bewußt werden, und auch das nicht in idealer und restloser Vollkommenheit, sondern nur bis zu einem gewissen Grade: denn die logische Notwendigkeit, daß die Illusion da nur bis zu gewissen Grenzen aufgehoben wird, darf nicht bloß quantitativ (räumlich), sondern muß auch qualitativ verstanden werden. Die neuentstehende illusorische Einheit (das neuentstehende illusorische Subjekt-Objekt höheren Grades) wird also, obwohl sie sich bewußt wird, »realeres« Wesen jenes anderen Subjekt-Objekts oder jener anderen Subjekt-Objekte der menschlichen Erfahrungswelt zu sein, sich doch von ihm beziehungsweise von ihnen u n t e r - s c h e i d e n, sie wird (für ihr Selbstbewußtsein und Bewußtsein wie auch für das Bewußtsein der Neben-Subjektobjekte ihres Grades) einesteils mit dem betreffenden einen Subjekt-Objekt der menschlichen Erfahrungswelt beziehungsweise mit jedem der betreffenden Subjekt-Objekte derselben in einem »realeren« Sinne identisch sein, andernteils aber mit (illusorischen) Sonder-Eigenschaften von dem betreffenden Subjekt-Objekt beziehungsweise von jedem der betref- fenden Subjekt-Objekte v e r s c h i e d e n sein und » d a r ü b e r h i n a u s r e i c h e n« (was ja, wenn es sich um m e h r e r e Subjekt- Objekte handelt, auch schon unmittelbar einleuchtet). Jeder auf- merksame Leser der bisherigen Untersuchung wird sich nun sagen, daß unser früher besprochenes »bewußtes Ich-Sein«, das n i c h t zur m e n s c h l i c h e n Erfahrungswelt gehört und von uns n u r u n - m i t t e l b a r d u r c h I d e n t i t ä t m i t u n s g e w u ß t w i r d, ein solches illusorisches Subjekt-Objekt h ö h e r e n G r a d e s sein muß, wie es durch die Weiter-Vereinheitlichung und Weiter- Differenzierung des realen Seins in der individuellen Entwicklungs- linie eines einzelnen menschlichen Subjekt-Objekts nach dem Tode entsteht. Während die Tatsache, daß wir es zwar als mit unserem Ich identisch wissen, aber trotzdem als etwas, das unser äußeres wie auch unser inneres Erfahrungsich als Bewußtseinsobjekt s i c h g e g e n ü b e r hat, nur allgemein für ein nachmenschliches Subjekt- Objekt spricht, muß die außerordentlich geringe, nur als logische Notwendigkeit festgestellte und für unsere Wahrnehmung (richti- ger: unser unmittelbares Wissen) der Identitätsdauer gleichkom- mende Veränderlichkeit dieses »bewußten Ich-Seins« für das illuso- rische Wesen eines Subjekt-Objekts j e n e s Höherentwicklungsgra- des, der u n m i t t e l b a r auf den Tod des menschlichen Subjekt- Objekts folgt, sehr unglaubwürdig erscheinen; wir müssen daher unser »bewußtes Ich-Sein« einem Subjekt-Objekt w e i t h ö h e r e n G r a d e s zuerkennen, das nunmehr mit uns in n o c h w e i t r e a l e r e m S i n n e wesenseins ist als etwa ein ehedem menschli- ches Subjekt-Objekt oder (was wahrscheinlicher ist) mehrere ehe- dem menschliche Subjekt-Objekte u n m i t t e l b a r n a c h i h r e m T o d e (auch) »realeres« Wesen von uns wurden (das heißt: als

»realeres« Wesen von uns sich bewußt wurden). Da jedes ehedem menschliche illusorische Subjekt-Objekt bei seiner logisch notwendigen u n e n d l i c h e n Höherentwicklung sich seiner Wesensidentität mit immer mehr Subjekt-Objekten der menschlichen Erfahrungswelt bewußt werden muß, und zwar in immer »realerem« Sinne, immer mehr im Sinne des in Wahrheit a l l e i n existierenden realen Seins, so müssen in jedem Subjekt-Objekt der menschlichen Erfahrungswelt zahllose Subjekt-Objekte unausdenkbar höheren Entwicklungsgrades als mit ihm in einem »realeren« Sinne identisch mitexistieren und wirksam sein.

Es leuchtet ohne weiteres ein, daß sich einem ehedem menschlichen Subjekt-Objekt nach dem Tode das Bewußtsein einer » r e a - l e r e n « Wesensidentität mit s o l c h e n Subjekt-Objekten der menschlichen Erfahrungswelt am leichtesten und u n m i t t e l - b a r s t e n ergeben muß, mit denen sie schon als Menschen in einem tieferen, »realeren« (wenn auch immer noch sehr i l l u s o r i - s c h e n) Sinne c h a r a k t e r v e r w a n d t waren. Denn was wir als den »Charakter« eines Menschen beobachten, reicht ohne Frage in tiefere (»realere«) Gründe seines Wesens hinab, als sie unserer äußeren oder inneren menschlichen Erfahrung erschlossen sind: und die Gemeinsamkeit dieses »realeren« Charakters muß dann, bewußt geworden, zu der bewußten (teilweisen, unvollkommenen) Identifizierung führen. Natürlich kann es sich dabei um im menschlichen Sinne gute oder auch um im menschlichen Sinne schlechte Charaktereigentümlichkeiten handeln; da aber die im menschlichen Sinne »schlechten« durchweg »egoistischer« Natur sind und der »Egoismus« nichts anderes ist als Blindheit gegen die reale Identität mit den übrigen Subjekt-Objekten, können solche »schlechten« Charaktereigentümlichkeiten wohl nur bei den a l l e r n ä c h s t e n nachmenschlichen Entwicklungsgraden für die Identifizierung (Vereinheitlichung) mit menschlichen Subjekt-Objekten entscheidend in Frage kommen. – Nun sind unter den Menschen nahe Blutsverwandte sehr häufig auch charakterverwandt; ferner pflegt der Bund von Freunden oder Liebenden meist auf Grund irgendwelcher Charakterverwandtschaft geschlossen zu werden. Daher mag die nachmenschliche Persönlichkeit eines Verstorbenen oft mit dem entsprechend »realeren« Wesen eines überlebenden nahen Blutsverwandten oder solcher Menschen, die ihm in Freundschaft oder Liebe verbunden waren, teilweise identisch werden.

Wie bereits betont wurde, kann nach logischer Notwendigkeit d i e I d e n t i f i z i e r u n g keine v o l l s t ä n d i g e sein, da ja das nachmenschliche Subjekt-Objekt als solches stets auch über den Persönlichkeitsbereich des betreffenden einzelnen menschlichen Subjekt-Objekts h i n a u s r e i c h t, und die Identifizierung immer nur ein » r e a l e r e s « Wesen von diesem betrifft, nicht aber sein r e a l e s Wesen s e l b s t, nämlich das reale Sein vollkommen freier Selbstbestimmung; eine Identifizierung der Subjekt-Objekte in diesem letzteren Sinne liegt als Ziel der Entwicklung in der U n e n d - l i c h k e i t: dächte man es erreicht, so gäbe es überhaupt keine illusorischen Subjekt-Objekte mehr. Ebenso folgerichtig ist aber, daß die Identifizierung mit dem menschlichen Subjekt-Objekt eine r e - l a t i v desto v o l l k o m m e n e r e, das heißt: » r e a l e r e « sein muß, je h ö h e r der E n t w i c k l u n g s g r a d des betreffenden nachmenschlichen Subjekt-Objekts ist. Diese reinlogisch mit Notwendigkeit sich ergebende U n v o l l s t ä n d i g k e i t d e r I d e n - t i f i z i e r u n g liefert eine sehr einfache Erklärung für ein Phänomen der menschlichen Alltagserfahrung, das von den Erfahrungswissenschaften noch nicht befriedigend gedeutet werden konnte: nämlich für die sogenannte » S p a l t u n g d e s I c h s «, wie sie nicht bloß in selteneren grellen und mehr oder weniger abnormen Erscheinungen solcher Art, sondern auch bei der großen Mehrzahl der Menschen vor jeder Willensentscheidung sich kundzugeben pflegt. Zwei oder noch mehr innere Persönlichkeiten scheinen da (für das Selbstbewußtsein des betreffenden Menschen) miteinander zu streiten, jede von ihnen will anders und bringt andere Gründe vor, bis schließlich eine den Sieg und die bestimmende Herrschaft über das menschliche Subjekt-Objekt für den betreffenden Einzelfall an sich reißt. Bei der organischen Lebens- und Funktionseinheit des einzelnen Menschen als »simplen Naturprodukts«, wie die Erfahrungswissenschaften ihn auffassen, bleibt die Möglichkeit dieses Widerstreits verschiedener Willen in ihm rätselhaft, trotz aller gezwungenen Erklärungsversuche: denn logischerweise müßte sich da in jeder Augenblickslage mit derselben Notwendigkeit ein einziger und ungeteilter Wille zeigen, mit der auch sonst die Einzelfunktionen des Körpers e i n h e i t l i c h arbeiten, sich zur einheitlichen

Gesamtleistung des Körpers zusammenschließen. Nach unserer letzten Feststellung aber handelt es sich dabei einfach um verschiedene in dem betreffenden Menschen mitexistierende nachmenschliche Subjekt-Objekte niederen Grades, insofern sie eben n i c h t g a n z i d e n t i s c h mit dem betreffenden Menschen sind; weil sie aber immerhin t e i l w e i s e mit ihm identisch sind, muß der betreffende Unschlüssige sie nichtsdestoweniger mit seinem »Ich« identifizieren und fühlt sich daher »mit sich selbst uneins«.

Da die Existenz im Raume und in der Zeit gleichbedeutend ist mit der i l l u s o r i s c h e n E x i s t e n z d e r S u b j e k t - O b j e k t e a l l e r E n t w i c k l u n g s g r a d e , müssen die Subjekt-Objekte a l l e r n a c h m e n s c h l i c h e n Entwicklungsgrade auch s e l b s t (nicht bloß, insoweit sie mit menschlichen Subjekt-Objekten auch Körperliches gemeinsam haben) i m R a u m e (illusorisch) e x i s t i e r e n , also e i n e e i g e n e (illusorische) K ö r p e r l i c h k e i t b e s i t z e n . Es muß aber diese » r e a l e r e « K ö r p e r l i c h k e i t (der Ausdruck ist an sich gewiß paradox, aber vielleicht doch der deutlichste, der im Anschluß an das vorher Festgestellte möglich ist) viel feiner, weit weniger dicht sein als dasjenige, was die Erfahrungswissenschaften vom menschlichen Körper kennen; da sie im Raume auch als irgendwelche Verbindung zwischen jenen verschiedenen Subjekt-Objekten der menschlichen Erfahrungswelt existieren muß, welche sie (die »realere« Körperlichkeit) mit dem betreffenden nachmenschlichen Subjekt-Objekt i r g e n d w i e t e i l w e i s e g e m e i n s a m haben, und menschliche Prüfung zwischen den in Betracht kommenden Subjekt-Objekten unserer Erfahrungswelt sehr häufig überhaupt nur Luft, mindestens aber streckenweise nur Luft festzustellen vermag, muß ihre Dichtigkeit jedenfalls noch geringer sein als die der Erdatmosphäre. Dabei muß diese schon unmittelbar nach dem Tode ätherisch feine Körperlichkeit der nachmenschlichen Subjekt-Objekte bei der Erreichung jedes h ö h e r e n nachmenschlichen Entwicklungsgrades noch mehr an Dichtigkeit verlieren, sich also immer mehr »der Immaterialität annähern«, ohne sie doch jemals zu erreichen.

Es ist logisch unabweisbar, daß das illusorische Wesen des nachmenschlichen Subjekt-Objekts nach dem Tode a u c h m i t d e m » r e a l e r e n « W e s e n u n t e r m e n s c h l i c h e r (tierischer, pflanzlicher, anorganischer) S u b j e k t - O b j e k t e u n s e r e r menschlichen Erfahrungswelt bis zu einem gewissen Grade, also teilweise identisch wird, sind doch auch diese nur illusorische Formen des realen Seins. Auch bei dieser teilweisen Identifikation muß aus denselben logischen Gründen, die für die teilweise Identifikation mit menschlichen Subjekt-Objekten gelten, der tiefere individuelle Charakter des betreffenden nachmenschlichen Subjekt-Objekts die in seine individuelle Einheit bis zu einem gewissen Grade miteinbezogenen untermenschlichen Subjekt-Objekte unserer Erfahrungswelt bestimmen. Wie aber schon in unserer (menschlichen) Erfahrungswelt die menschlichen Subjekt-Objekte die untermenschlichen die Tiere, Pflanzen, anorganischen Dinge) beherrschen und zu ihren menschlichen Zwecken gebrauchen, so hat man sich wohl auch die bewußte teilweise Identifizierung mit ihnen nur im Sinne einer gesteigerten Macht über die untermenschliche Natur, nämlich einer Macht von innen heraus zu denken, ungefähr wie der Mensch sich der Organe seines Körpers unmittelbar bedient. Diese Macht über die untermenschlichen Subjekt-Objekte unserer Erfahrungswelt muß desto umfassender und größer sein, je höher der Entwicklungsgrad des betreffenden nachmenschlichen Subjekt-Objekts ist, doch kann auch sie niemals zu einer vollkommenen und ausschließlichen Beherrschung aller untermenschlichen Subjekt-Objekte unserer Erfahrungswelt werden, weil eben auch dies wieder eine vollkommene Identifizierung des betreffenden nachmenschlichen Subjekt-Objekts mit dem realen Sein und damit die Auflösung auch dieses (illusorischen) Subjekt-Objektes selbst zur notwendigen Voraussetzung hätte.

Da die begrenzte Aufhebung der räumlichen (körperlichen) Illusion eine partielle Aufhebung der (scheinbar wirklichen) raumfüllenden Nebenexistenzen für das nachmenschliche Subjekt-Objekt mit sich bringen muß, so muß dessen Vorstellung der (für dieses nachmenschliche Subjekt-Objekt scheinbar wirklichen) Raumwelt (Körperwelt) von dem für den Menschen bestehenden räumlichen (körperlichen) Weltbild verschieden sein, und zwar im Sinne vereinheitlichender Zusammenziehungen und Miteinbeziehungen. Und ebenso wie die Welt der Objekte (der Subjekt-Objekte als Objekte betrachtet) muß dem nachmenschlichen Subjekt-Objekt auch die Welt der

Subjekte (der Subjekt-Objekte als Subjekte betrachtet) infolge der aus der partiellen Aufhebung der Illusion sich ergebenden Miteinbeziehungen in höherem Grade vereinheitlicht (identifiziert) erscheinen als dem Menschen. Da innerhalb der Einheit des eigenen körperlichen Ichs eines illusorischen Subjekt-Objekts die Vorstellung räumlicher Ferne (die Vorstellung eines Abstandes, einer Getrenntheit von diesem körperlichen Ich) aufgehoben ist, so muß die allgemeine Vorstellung räumlicher Entferntheit, räumlich entfernter Körperdinge (im Sinne der menschlichen Erfahrungswelt) in desto weiterem Umfange verschwinden, je mehr solcher räumlich getrennter Körperdinge der menschlichen Erfahrungswelt die neue Einheit eines nachmenschlichen Subjekt-Objekts (als in » realerem « Sinne mit ihnen teilweise identisch geworden) in sich begreift; auch die Veränderungen, in der die mit einem nachmenschlichen Subjekt-Objekt in » realerem « Sinne (teilweise) identischen Körperdinge der menschlichen Illusionswelt begriffen sind, erfolgen für die Vorstellung dieses nachmenschlichen Subjekt-Objekts nicht mehr wirklich, sondern nur die Veränderungen seiner eigenen körperlichen Illusionswelt höheren (Realitäts-) Grades. Und ganz ebenso wie die Wirklichkeits-Illusion von äußerlich getrennten, mehr oder weniger voneinander entfernten Objekten (Körpern) muß auch die Wirklichkeits-Illusion von innerlich getrennten, voneinander verschiedenen Subjekten als Weltvorstellung in desto weiterem Umfange für das nachmenschliche Subjekt-Objekt verschwinden, mit je mehr solchen inneren Erfahrungsichen (der menschlichen Erfahrungswelt) es in » realerem « Sinne teilweise identisch wurde; seiner Illusion werden auch nicht mehr die von diesen inneren Erfahrungsichen erlittenen Veränderungen, sondern nur jene (gleichfalls immateriellen, innerlichen) Veränderungen wirklich erscheinen, die sich an den inneren Erfahrungsichen höheren (Realitäts-) Grades seiner eigenen Illusionswelt vollziehen. Alle diese (körperlich-objektiven und seelisch-subjektiven) Veränderungen, die für die Vorstellung des nachmenschlichen Subjekt-Objekts wirklich erfolgen, müssen sich aber mit logischer Notwendigkeit weniger radikal, weniger wesentlich und weniger schnell vollziehen als die körperlichen (objektiven) und seelischen (subjektiven) Veränderungen der m e n s c h l i c h e n Erfahrungswelt, weil sie beobachtet werden an » r e a l e r e n «, vom illusorischen Charakter bis zu einem gewissen Grade befreiten Objekten (Körperlichkeiten) und Subjekten, die dem überhaupt k e i n e m Wandel, k e i n e r Vergänglichkeit unterworfenen, (für die zeitliche Anschauung der Subjekt-Objekte) in Identität dauernden r e a l e n Sein n ä h e r stehen als die Objekte und die Subjekte der m e n s c h l i c h e n Erfahrungswelt. Hieraus ergibt sich, bei der Untrennbarkeit von Zeitvorstellung und Veränderungswahrnehmung, daß auch die Z e i t vorstellung des n a c h m e n s c h l i c h e n Subjekt-Objekts eine a n d e r e sein muß, als sie für die m e n s c h l i c h e Erfahrung gilt: und zwar in der Weise, daß dem nachmenschlichen Subjekt mit seiner fortschreitenden Annäherung an das r e a l e Sein (für das alle »Vergangenheit«, und »Zukunft« der menschlichen Erfahrung v o l l k o m m e n e » G e g e n w a r t« ist) in i m m e r w e i t e r e m (m e n s c h l i c h zeitlichem) U m f a n g und in i m m e r v o l l k o m m e n e r e r W e i s e das »Vergangene« und »Zukünftige« der menschlichen Erfahrungswelt sich als g e g e n w ä r t i g darstellt. Die durchaus umfassende, v o l l s t ä n d i g e und v o l l k o m m e n e »Vergegenwärtigung« alles zeitlichen Geschehens in der menschlichen Erfahrungswelt liegt aber für jedes nachmenschliche Subjekt-Objekt als ideales, nie ganz erreichtes Ziel in der Unendlichkeit.

Zur Verhütung irrtümlicher Vorstellungen sei nochmals nachdrücklich betont, daß die »Vereinheitlichung« mehrerer Subjekt-Objekte der menschlichen Erfahrungswelt in einem n a c h m e n s c h l i c h e n Subjekt-Objekt n i c h t etwa darin besteht, daß letzteres einfach die K o l l e k t i v -Einheit der betreffenden Subjekt-Objekte der m e n s c h l i c h e n Erfahrungswelt würde und als solche im Sinne der für die m e n s c h l i c h e Vorstellung bestehenden Körperwelt den Raum der Gesamtheit dieser Subjekt-Objekte einnähme; vielmehr wird das nachmenschliche Subjekt-Objekt mit entsprechend » r e a l e r e m « Wesen von ihnen teilweise identisch, und nur h i e r i n besteht die »Vereinheitlichung«.

Wie das m e n s c h l i c h e Individuum seinen Körper, seine Seele und seinen Geist nicht schon von Geburt aus vollkommen beherrscht, sondern diese dreifache Beherrschung erst l e r n e n muß, eine Beherrschung, die eben erst die Vereinheitlichung (Identifizierung) des Individuums im p r a k t i s c h e n Sinne bedeutet, so ist auch alles, was im Vorstehenden den nachmenschlichen Entwicklungsgraden des Subjekt-Objekts zugeschrieben wurde, nur als potentielle Möglichkeit aufzufassen, nicht als vollendete Wirklichkeit in jedem Einzelfall; die volle Verwirklichung des geschilderten Zustandes ist auch hier als der persönlichen Bemühung anheimgestellt zu denken, und sie wird je nach der Beschaffenheit des betreffenden nachmenschlichen Subjekt-Objekts eine längere oder kürzere Zeit erfordern. Daher wird beispielsweise die partielle Identifizierung eines nachmenschlichen Subjekt-Objekts mit einem oder mehreren Menschen unmittelbar nach dem Tode je nach den Qualitäten dieses nachmenschlichen Subjekt-Objekts wie auch nach jenen der betreffenden menschlichen Subjekt-Objekte in sehr verschiedenem Maß erfolgen, ebenso auch die Beherrschung der untermenschlichen Subjekt-Objekte. Auf welche Weise und wann (unter welchen Voraussetzungen) das Fortschreiten aus einem nachmenschlichen Entwicklungsgrad zu einem noch höheren erfolgt, läßt sich reinlogisch nicht beurteilen; schroffe Katastrophen nach Art unseres Todes sind aber da sehr unwahrscheinlich. Stirbt ein Mensch, in dem ein nachmenschliches Subjekt-Objekt des ersten nachmenschlichen Grades mitexistierte und wirkte, so identifiziert es sich statt dessen vielleicht (teilweise) mit dem nächst-charakterverwandten Menschen – allein das sind bloße Vermutungen ohne zureichende logische Basis. Als logische Notwendigkeit ist uns lediglich das unendliche Fortschreiten jedes Subjekt-Objekts zu immer höheren Entwicklungsgraden erkennbar. Hiernach muß es aber in jedem Augenblick der für uns Menschen bestehenden Zeit auch ein hochentwickeltes nachmenschliches Subjekt-Objekt geben, dessen Persönlichkeit annähernd (nicht völlig) auch mit allen (im Sinne unserer menschlichen Erfahrung) gleichzeitig existierenden Subjekt-Objekten der Erde identisch ist: sodaß der »Erdgeist« Goethes mehr als ein dichterisches Phantasiegebilde bedeutet. Ebenso muß es dann aber auch einen »Sonnengeist« geben und »Geister«, das heißt: hochentwickelte Subjekt-Objekte, deren Persönlichkeit ganze Weltsysteme unseres Sternenhimmels (annähernd) miteinschlösse: und so weiter ins Unendliche, wobei aber die begrenzte (nicht weiter reichende) persönlich unmittelbare Beherrschung einer solchen Sphäre von jedem nachmenschlichen Subjekt-Objekt, das sie erreichte, an ein anderes abgegeben wird, sobald das erstere sich zur Beherrschung einer noch weiteren Sphäre aufschwang.

Das Verhältnis des (inneren und äußeren) menschlichen Erfahrungsichs zu dem » bewußten Ich-Sein«, das der Einzelmensch unmittelbar – kraft annähernder Identität in einem »realeren« Sinne – weiß, sei noch durch einiges Ergänzende erläutert. Skeptiker mögen vielleicht einwenden, daß dem Einzelmenschen sein »bewußtes Ich-Sein« nur deshalb so eigenschaftslos und unveränderlich erscheine, weil es nichts anderes sei als der abstrakte Begriff des infolge mangelhafter Selbstbeobachtung für wirklich und dauernd genommenen Daseins des einzelnen Erfahrungsmenschen, welcher Begriff von den wandelbaren individuellen Eigenschaften und Tätigkeiten des betreffenden konkreten Einzelmenschen gänzlich absehe, sodaß es, als eine leere Abstraktion, freilich keine bestimmten Qualitäten und keine Veränderung zeigen könne, aber auch keine Identitätsdauer im k o n - k r e t e n Sinne, weil eine solche eben an den konkreten Eigenschaften und Tätigkeiten nachgewiesen werden müßte. Allein dieser Einwand wäre nicht stichhaltig, denn unser »bewußtes Ich-Sein« ist eben durchaus kein bloßer Abstraktionsbegriff, vielmehr wissen und kennen wir es in lebendig unmittelbarstem Identitätsgefühl als das scheinbar allein Beständige unseres Wesens, als etwas, das alle unsere, äußeren und inneren Schicksale persönlich erlebt (oder doch mindestens persönlich miterlebt). Daß ferner dieses »bewußte Ich-Sein« bei seiner scheinbaren Unveränderlichkeit als ein verhältnismäßig »realeres« n a c h m e n s c h l i c h e s illusorisches Subjekt-Objekt angenommen werden muß, und zwar als ein solches v o n s c h o n e r h e b l i c h h o h e m E n t w i c k l u n g s g r a d e, wurde im Vorigen bereits ausführlich begründet. Die dem hohen Entwicklungsgrad entsprechende relativ vollständigere Identifizierung mit dem betreffenden »realeren« Wesen des Einzelmenschen begünstigt für den letzteren die Täuschung, daß sein »bewußtes Ich« d u r c h - a u s identisch sei mit seinem menschlichen Erfahrungs-Subjekt: obwohl das »bewußte Ich-Sein«, wie gezeigt wurde, subjektiv wie auch objektiv mit jenem »realeren« Wesen des betreffenden menschlichen Subjekt-Objekts nicht vollkommen identisch sein k a n n, obwohl es außerdem darüber hinausreichen und auch noch entsprechend »realeres« Wesen a n d e r e r (mindestens untermenschlicher) Subjekt-Objekte unserer Erfahrungswelt in sich schließen muß, und obwohl für die Nicht-Identität schon die Tatsache spricht, daß das »bewußte Ich« auch das Erfahrungs- S u b j e k t mit allen seinen rastlos wandelbaren Qualitäten als Bewußtseins-Objekt sich gegenüber hat, während es selbst in anscheinender Unwandelbarkeit und Qualitätlosigkeit unmittelbar gewußt wird. Schon der einigermaßen zur Selbstbeobachtung und Nachdenklichkeit neigende Laie kann aber durch gewisse, wenn auch vereinzelte und schnell vorübergehende Erfahrungs-Erscheinungen aus jener Identitäts-Illusion gerissen werden. Trotz der unbefangenen Einheitsvorstellung, zu welcher gewöhnlich das (äußere und innere) Erfahrungsich des Einzelmenschen mit seinem persönlichen Ichbewußtsein zusammengeschlossen ist, gibt es gewisse Momente geistiger Versunkenheit, wo das menschliche Subjekt-Objekt – meist dessen Körper, nicht selten aber auch das innere menschliche Erfahrungsich – seinem Ichbewußtsein als etwas Fremdes, eigentlich nicht zu ihm Gehörendes erscheint. Auch das Phänomen des Selbstmords, bei dem das »bewußte Ich-Sein« sich feindlich gegen die Gesamtexistenz des betreffenden menschlichen Subjekt-Objekts wendet, was bei voller Identität des »bewußten Ich-Seins« mit dem menschlichen Erfahrungs-Subjekt-Objekt rätselhaft, ja widersinnig erscheinen müßte, wäre hier mit in Betracht zu ziehen, ja es gibt vorübergehende Zustände, wo das Ichbewußtsein, außerhalb des betreffenden Menschen im Raume konzentriert, den Menschen als ein durchaus von ihm getrenntes Objekt völlig von außen wahrnimmt. Eine junge Dame meiner nächsten Verwandtschaft erzählte mir einen selbsterlebten Fall dieser Art. Sie saß damals am Bett einer schwerkranken Freundin, die sie aufopfernd pflegte, und die eben etwas eingeschlummert war. Zu müde, um die Ruhepause zu irgendwelcher erholenden Beschäftigung zu nützen, saß sie in regungsloser Versonnenheit auf ihrem Stuhle. Da wurde ihr plötzlich klar, daß ihr bewußtes Ich hoch oben an der Decke des Krankenzimmers sich befand, denn sie sah die Decke in unmittelbarster Nähe und sah mit vollkommenster normaler Deutlichkeit unter sich ihre eigene menschliche Gestalt sitzen, sah auch die schlafende Kranke aus der Vogelperspektive. Das Phänomen wirkte auf sie wie eine angstvolle Beklemmung, währte aber nur wenige Augenblicke, worauf wieder die normale »Verknüpfung« des Ichbewußtseins mit dem Erfahrungs-Ich eintrat. Von einem solchen »Sichselbstsehen« weiß bekanntlich auch der Volksglaube, der es für ein Anzeichen baldigen Todes des betreffenden Menschen hält: was aber gewiß nicht allgemein zutrifft (und auch in dem erzählten Falle nicht zutraf.) – In der Regel erscheint dem Bewußtsein des Einzelmenschen, das da eben (durch die »Verknüpfung« mit dem Einzelmenschen) in der menschlichen Daseins-Illusion befangen ist, dieser »Erfahrungsmensch« als mit ihm zu untrennbarer Einheit verbundenes Subjekt-Objekt, als etwas zugleich Subjektives und Objektives, wobei aber ein unermeßlich großer Teil des Subjektiven wie auch des Objektiven unbewußt bleibt: denn jeder Einzelmensch ist sich (in der Regel, im normalen Zustande) seines inneren (seelischen) wie auch seines äußeren (körperlichen) Ichs nur in verhältnismäßig sehr engen Grenzen (nur bis an die Grenzen seiner beiden »Erfahrungs«-Iche) bewußt, worin eben der generelle Wesenscharakter der menschlichen Daseinsillusion besteht. Unser »bewußtes Ich-Sein« an sich weiß mehr von unserem Subjekt wie auch von unserem Körper, als es uns gewöhnlich in dem inneren und äußeren Erfahrungsich zeigt; wie es uns in den vorerwähnten abnormen Zuständen unseren Körper allseitig von außen her sehen läßt, kommen auch Fälle menschlichen »Hellsehens« vor, wo es dem Betreffenden die inneren Zustände und Vorgänge seines Körpers enthüllt, die dem normalen menschlichen Bewußtsein verborgen bleiben; und ebenso kann uns auch unser Subjekt ausnahmsweise (zum Beispiel in manchen Träumen oder in Augenblicken der »Genialität«) über die Grenzen unseres menschlichen »inneren Erfahrungsichs« hinaus bewußt werden. Für gewöhnlich bleibt aber, wie gesagt, nicht nur der einheitliche Zusammenschluß des Bewußtseins mit dem (inneren und äußeren) Erfahrungsich des betreffenden Menschen zu seiner bewußten Gesamtpersönlichkeit erhalten, sondern es bleiben da dem Menschen auch alle nachmenschlichen Sonderqualitäten des »bewußten Ich-Seins« als Subjekt wie auch dessen zugehörige »realere« Körperlichkeit, also das »bewußte Ich-Sein« als Objekt durchaus verborgen.

Man muß sich darüber klar sein, daß der Erfahrungsmensch die bewußte Persönlichkeit nicht etwa von jenem Subjekt-Objekt höheren Grades, dem »bewußten Ich-Sein«, wie von einem reicheren Fremden nur von außen her »geborgt« bekommt. Vielmehr erhält er sie von dem realen Sein, das die einzige wirkliche Substanz beider ist, und in diesem realen Sinne ist die bewußte Persönlichkeit, die den Einzelmenschen erst zur Einheit macht, auch dessen e i g e n s t e r Besitz (weil eben das m e n s c h l i c h e Subjekt-Objekt und jenes andere, höher entwickelte nur im i l l u s o r i s c h e n Sinne voneinander verschieden sind).

Schließlich mag man noch fragen: Was i s t überhaupt das » B e - w u ß t s e i n «? Und was das » D e n k e n « – nicht die menschliche Formulierung der Denk g e s e t z e, wie sie unsere Lehrbücher der formalen Logik geben, nicht die Funktionen des Gehirns als des m a t e r i e l l e n Denk o r g a n s des Menschen (richtiger: der materiellen B e d i n g u n g – nicht aber Ursache – des menschlichen Denkens), auch nicht die Denk a k t e der einzelnen Menschen (beziehungsweise die primitiveren »Denkakte« untermenschlicher Einheiten) und auch nicht die Denk e r g e b n i s s e, die »Gedanken«: nein, das »Denken« als universelle und jedenfalls »realere«, wo nicht reale » K r a f t «? Ein unmittelbares logisches Urteil über diese beiden »Weltmächte«, wie man sie mit Fug und Recht nennen darf, eine »Bestimmung« ihres »objektiven Wesens« ist schon deshalb unmöglich, weil jedes logische Urteil nur durch ebendieses »Bewußtsein« und ebendiese »Denkkraft« geschehen kann, sodaß beide sozusagen »sich selbst über den Kopf springen« müßten. Dennoch muß man m i t t e l b a r – nach dem Zusammenhang der übrigen Denkergebnisse – annehmen, daß das » B e w u ß t s e i n « des einzelnen Subjekt-Objekts nichts anderes ist, als das a u f e i n i l l u s o r i s c h e s S u b j e k t - O b j e k t b e z o g e n e und dadurch e n t s p r e c h e n d e i n g e s c h r ä n k t e » W i s s e n d e s r e a - l e n S e i n s u m s i c h s e l b e r «, und das » D e n k e n «, das in so innigem Zusammenhang mit diesem »Bewußtsein« steht, eine Art geistiger Ariadne-Faden, der das reale Sein mitten im Labyrinth des »Welttraums«, mitten in seinem begrenzten illusorischen Dasein als dieses und jenes Subjekt-Objekt, mit seinem wahren, realen Wesen geistig verbunden hält, ihm gedanklich die Rückkehr in seine Freiheit ermöglicht, ihm durch diesen Kontrast das illusorische Dasein erst reizvoll gestaltet und dessen Leiden erträglicher macht, ihm endlich auch (in jedem und als jedem Einzelwesen) die Entwicklung zu immer höheren Graden dieses Daseins und damit zu immer freudenreicherer Annäherung der illusorischen Existenz an die reale erleichtert. Daß auch das Denken eine unmittelbare und allgemeine Wirkung des A l l w e s e n s ist, geht nicht bloß aus seiner nachweisbaren Gleichförmigkeit bei allen Menschen und (wie schon erwähnt) auch bei allen höheren Tieren hervor (soweit bei letzteren bezügliche Beobachtungen möglich sind), sondern auch daraus, daß es sich in der Vereinheitlichung und Differenzierung, die jede Begriffsbildung darstellt, wie auch in den analytischen (vervielheitlichenden, differenzierenden) und synthetischen (vereinheitlichenden) Leistungen seines Urteilens als g e i s t i g e r B e s t a n d t e i l d e r b e i d e n A l l t e n d e n z e n darstellt.

Zwölf Jahre nach der Veröffentlichung einer Schrift, in der ich zum erstenmal auf die wichtigsten dieser logischen Folgerungen hinwies, lernte ich Gustav Theodor F e c h n e r s »Büchlein vom Leben nach dem Tode« kennen, und war überrascht, in diesem merkwürdigen Werkchen des bekannten und verdienstvollen Physikers und Naturphilosophen eine Schilderung der Existenzverhältnisse ehedem menschlicher Individuen zu finden, die, ohne Begründung gegeben und anscheinend rein intuitiv gewonnen, sich in allem Wesentlichen mit den Ergebnissen der reinlogischen Untersuchung deckt. Da der Vergleich den Leser interessieren dürfte, zitiere ich im Nachstehenden die dafür markantesten Stellen der Fechnerschen Ausführungen:

...»Noch leben ein Goethe, ein Schiller, ein Napoleon, ein Luther unter uns, in uns als selbstbewußte, schon höher als bei ihrem Tode entwickelte, in uns denkende und handelnde, Ideen zeugende und fortentwickelnde Individuen, jeder nicht mehr eingeschlossen in einem engen Leib, sondern ergossen durch die Welt, die sie bei Lebzeiten bildeten, erfreuten, beherrschten, und weit hinausreichend mit ihrem Selbst über die Wirkungen, die wir noch von ihnen spüren« ... »Der Mensch ... ist auch für s i c h da, aber z u g l e i c h ist sein Leib und Geist nur e i n e W o h n u n g, w o r e i n h ö h e r e G e i s t e r e i n t r e t e n, sich verwickeln und entwickeln und allerlei Prozesse untereinander treiben, d i e z u g l e i c h d a s F ü h l e n u n d D e n k e n d e s M e n s c h e n s i n d und ihre höhere Bedeutung für die dritte Lebensstufe haben« (so nennt Fechner die Existenz nach der ersten Lebensstufe eines von ihm angenommenen schlafähnlichen Zustandes vor der Geburt und der zweiten des Menschendaseins)... »Des Menschen Geist ist ununterscheidbar zugleich sein Eigentum und das Eigentum jener höheren Geister, und was darin vorgeht, g e h ö r t s t e t s b e i d e n z ugleich an, aber auf verschiedene Weise.« ... »Die in den Menschen eingewachsenen fremden Geister sind ebensowohl, obschon in anderer Weise, dem Einflusse des menschlichen Willens unterworfen, als der Mensch von fremden Geistern abhängig ist, er kann ebensowohl aus der Mitte seines geistigen Seins Neues in die in ihm verknüpften Geister hineingebären, als diese auf sein Innerstes bestimmend einwirken können, aber in dem harmonisch entwickelten Geistesleben hat kein Wille die Obermacht über den andern. Da jeder fremde Geist nur einen Teil seines Selbst mit dem einzelnen Menschen in Gemeinschaft hat, so kann der Wille des einzelnen Menschen nur einen anregenden Einfluß auf ihn haben, der mit seinem ganzen übrigen Teile außer dem Menschen liegt; und da jeder menschliche Geist eine Gemeinschaft sehr verschiedener fremder Geister in sich schließt, so kann der Wille eines einzelnen darunter auch nur einen anregenden Einfluß auf den ganzen Menschen haben, und nur, wenn der Mensch mit freier Willkür sich ganz seines Selbst an einzelne Geister entäußert, wird er der Fähigkeit verlustig, sie zu bemeistern.« – »Indem die höheren Geister nicht bloß in einzelnen Menschen wohnen, sondern jeder sich in mehrere hineinverzweigt, sind sie es, die diese Menschen auf geistige Weise verknüpfen«... »Der Tod ist nur eine zweite Geburt zu einem freieren Sein«... »Der Geist wird nicht mehr vorüberstreifen am Berge und Grase..., sondern er wird Berg und Gras durchdringen und jenes Stärke und dessen Lust im Wachsen fühlen; er wird sich nicht mehr abmühen, durch Worte und Gebärde einen Gedanken in andern zu erzeugen, sondern in der unmittelbaren Einwirkung der Geister aufeinander ... wird die Lust der Gedankenzeugung bestehen; er wird nicht äußerlich den zurückgelassenen Lieben erscheinen, sondern er wird in ihren innersten Seelen wohnen, als Teil derselben, in ihnen und durch sie denken und handeln.« – Die ersten Anregungen zu dieser Anschauung von der nachmenschlichen Existenz verdankte Fechner nach eigenem Bekenntnis seinem Freunde Billroth, dessen Denken aber bald darauf ins kirchlich Dogmatische einlenkte.

Mit unseren letzten Darlegungen war die Übersicht über das rein-logisch Feststellbare, s o w e i t e s f ü r d e n v o r l i e g e n d e n Z w e c k v o n e n t s c h e i d e n d e r W i c h t i g k e i t i s t, in al-lem Wesentlichen vollendet. Da aber trotz des Verzichts auf manche elementare Folgerungen, die auf gleicher Grundlage möglich, doch für das Gebiet des Okkultismus weniger belangreich sind, immer-hin eine Art Weltbild skizziert wurde, sei auch noch die Frage nach dem B e w e g g r u n d aufgeworfen, der das reale Sein vollkommen freier Selbstbestimmung zu dem »autosuggestiven« Welt-Traum veranlassen mag. Die Beantwortung dieser Frage wäre das verwe-genste Unternehmen, das sich denken läßt, wenn nicht ebenjenes reale Sein in uns s e l b e r, ja a l s wir selber tätig wäre, sodaß, was wir als unsere eigenen tatkräftigsten Neigungen kennen, zugleich ein Licht auf den »Willen« und die »Absicht« des Allwesens wirft. Uns alle befriedigt Selbsterworbenes, mit persönlicher Anstren-gung, ja mit Überwindung größter Schwierigkeiten und Gefahren Errungenes weit mehr als das, was wir bereits mühelos und ohne persönliches Verdienst besitzen; Einsamkeit, Mangel an jeder Be-schäftigung und extreme Einförmigkeit des Daseins sind uns qual-voll; den einigermaßen höher Veranlagten unter uns ist fruchtbares Bemühen nach irgendeinem Ziele hin Bedürfnis, unsere Reichen aber, soweit sie nicht in rohestem Stumpfsinn dahinleben, haben den inneren Antrieb, ihren Besitz nicht träge ruhen, sondern pro-duktiv werden zu lassen, in großen Unternehmungen, in deren Entstehen, Wachsen und Gedeihen sie ihre Befriedigung finden, oder, wenn sie Menschenfreunde sind, in der Förderung und Be-schenkung Minderbegüterter. Und nun stelle man sich – soweit das möglich ist – die ungeheure Einsamkeit des unveränderlich in sich selbst ruhenden realen Seins vor, das nichts erstreben kann, weil es ja alles mögliche Reale schon selber ist, und für das nichts anderes, von ihm Verschiedenes existiert, dem es von seinem Allreichtum mitteilen könnte! Erscheint es uns da nicht fast selbstverständlich, daß es sich gesellig, schöpferisch tätig, Ziele erstrebend, gebend und empfangend, erfreuend und sich freuend wenigstens »träumen« will? Daß es durch die illusorische D i f f e r e n z i e r u n g auch Lei-den aller Art bis zu den furchtbarsten Qualen auf sich nehmen muß, kann es nicht abschrecken, denn alle diese Leiden versinken dann wieder wesenlos im Zeitverlauf, und die Freuden, die an ihre Stelle treten, strahlen durch den Kontrast mit dem Überwundenen dann nur in um so hellerem Lichte. Dabei ist die aus der v e r e i n h e i t l i c h e n d e n, i d e n t i f i z i e r e n d e n Tendenz des All-Traums sich ergebende Steigerung dieser Freuden und Befriedigungen eine u n e n d l i c h e für jedes der unendlich vielen Individuen, als die sich das reale Sein träumt; als jedes »Geschöpf« seines Traums erobert es sich in der unendlichen Zeit immer mehr von seinen, des realen Seins, unerschöpflichen Schätzen, als hätte es diese niemals besessen: sei es in heldischer Geradlinigkeit und Unentwegtheit, sei es auf Umwegen des Irrtums, der Schuld und des Unglücks. Und diese innere und äußere Bereicherung nimmt bei keinem der unendlich vielen, in immer neuer zahlloser Menge entstehenden Einzelwesen ein Ende. Aber nicht nur pathetische und heroische Befriedigungen aller Art schafft sich das reale Sein durch den Traum der Differenzierung und Vereinheitlichung; auch Humor, Scherz und Laune ergeben sich dabei in überschwänglicher Vielfältigkeit. Auch darauf weisen schon unsere menschlichen Neigungen hin; wir haben unseren guten Spaß daran, im Karneval Masken zu tragen, die unser »wahres Ich« verbergen, um dann diese Masken wieder lüften und lachend uns selber zeigen zu können. Was aber bedeutet dieser unser bescheidener Mummenschanz gegen den grandiosen Maskenball des Alltraums, in dem sich das Erhabenste, Gewaltigste, Schönste und Reichste in niedrigster, schwächster, häßlichster und armseligster Verlarvung zeigt und hinter jeder Menschen-Maske sich zahllose Wesen höherer Art verbergen? In jedem uns vorstellbaren Sinne muß daher die Welt-»Autosuggestion« dem realen Sein als etwas erscheinen, das »aufs innigste zu wünschen ist«. Freilich sind das alles noch unzulängliche, menschlich gedachte Begründungen, doch bedeuten auch sie schon eine befriedigende Antwort für unseren Verstand.

Es sei nun zum Endzweck unserer Ausführungen fortgeschritten: zum Nachweis der bestätigenden oder berichtigenden, haltgebenden und wegweisenden Bedeutung, welche die Ergebnisse des philosophischen Denkens f ü r d i e o k k u l t i s t i s c h e E x p e r i m e n t a l f o r s c h u n g gewinnen können. Da erscheint nun vor allem wichtig, daß nach diesen Ergebnissen die alte Streitfrage des Okkultismus, ob die »animistische« oder die »spiritistische« Erklärung der mediumistischen Phänomene berechtigter wäre, das heißt: ob es sich dabei, bis zum Extrem der sprechenden, greif-, wäg- und

photographierbaren »materialisierten« Menschengestalten, um
Wirkungen l e b e n d e r Menschen oder um »G e i s t e r « ehe-
m a l i g e r M e n s c h e n handle, eine überraschende Entscheidung
findet. Auch der Okkultismus hielt bisher (wie der Spiritismus und
die Kirche, wenngleich nicht in ebenso bestimmter Weise) an der
Vorstellung fest, daß die »Geister« der Verstorbenen, w e n n sie
existieren sollten, irgendwie »außerhalb« der Einzelexistenzen unserer menschlichen Erfahrung und völlig getrennt von ihnen ihr
Dasein führen und sich demnach der mediumistischen Feinmaterie
irgendwie »von außen her«, als mit dem Medium ursprünglich in
keiner Weise zusammenhängende Persönlichkeiten bedienen müßten. Demgegenüber sprechen nun aber unsere logischen Erkenntnisse dafür, daß die »fremden Intelligenzen«, welche die mediumistischen Erscheinungen hervorrufen, zwar tatsächlich weiterentwickelte Persönlichkeiten verstorbener Menschen sind, aber s o l c h e ,
d i e t e i l w e i s e m i t e i n e m »r e a l e r e n « W e s e n d e s
M e d i u m s b e w u ß t i d e n t i s c h w u r d e n , sodaß sie also
e i n e s t e i l s m i t d e m M e d i u m i d e n t i s c h , a n d e r n -
t e i l s v o n i h m v e r s c h i e d e n s i n d , und die »animistische«
wie auch die »spiritistische« Auffassung bis zu einem gewissen
Grade Recht hat. Daß es sich um nachmenschliche Persönlichkeiten
handelt, d i e i n p e r s ö n l i c h s t e m Z u s a m m e n h a n g m i t
d e m M e d i u m s t e h e n , wird auch durch die bekannten okkultistischen Erfahrungstatsachen bestätigt, daß die Materialisationser-
scheinungen räumlich unmittelbar aus dem Medium hervorwach-
sen und meist sichtbar wieder in den Körper des Mediums zurück-
verschwinden, daß unter jeder Verletzung oder Störung einer Materialisation auch das Medium selbst körperlich zu leiden hat, und
daß ehrliche Schreibmedien erklären, immer schon einen Augenblick vorher zu wissen, was durch ihre Hand geschrieben wird. Ein
okkultistischer Forscher, der den reinen Denkergebnissen gebüh-
renden Wert beilegt, wird also nicht mehr »animistische« und »spiritistische« Merkmale in mühsamen Untersuchungen gegeneinander ausspielen, weil er weiß, daß jedes derartige Phänomen naturgemäß eine »animistische« u n d eine »spiritistische« Seite haben
muß, vielmehr wird er zu ergründen trachten, aus welcher ober-
flächlicheren oder tieferen »realeren Ichsphäre des Mediums« das
einzelne Phänomen stammt; auch wird er nun doppelt vorsichtig
sein mit der Konstatierung bewußten oder unbewußten Betrugs

durch »das Medium selbst«. Für die Feststellung der Ichsphäre, aus der das Phänomen stammt, liefert ihm die Philosophie einen festen Maßstab, da mit logischer Notwendigkeit die Identifikation der sich manifestierenden »Intelligenz« mit dem persönlichen Ich des Mediums desto vollständiger erscheinen muß, je »tiefer« die in Frage kommende Ichsphäre liegt, je »realer« sie also ist. Ganz im allgemeinen aber wird er nun wissen, daß er es i n d e r R e g e l nur mit nachmenschlichen Individuen der n i e d e r s t e n G r a d e zu tun hat, weil eben bei solchen h ö h e r e r Grade infolge der weit vollständigeren Identifikation namentlich auch des Gedanken- und Willenslebens sich kaum mehr eine Differenz vom normalmenschlichen Ich des Mediums unterscheiden läßt, und die Kundgebungen in der Form unmerklicher innerer Gedankenweckung und Willensbeeinflussung erfolgen. Die Möglichkeit, daß sich durch ein (wenn auch noch so »starkes«) Medium g a n z b e l i e b i g e nachmenschliche Individuen manifestieren könnten, muß nach den philosophischen Einsichten sehr bezweifelt, ja wohl verneint werden, wenn es sich um u n m i t t e l b a r e Wirkungen eines nachmenschlichen Individuums handeln soll, das n i c h t mit dem Medium (zum Teil) bewußt identisch ist; dagegen sind in solchem Fall Vermittlungen innerhalb der »Geisterwelt« denkbar, sodaß etwa eines der mit dem Medium teilweise identischen nachmenschlichen Individuen die mediale Kundgebung im Sinne des anderen, gewünschten nachmenschlichen Individuums »vertretungsweise« übernimmt; freilich dürfte das aber wohl nur bei einfacheren Phänomenen möglich sein, schwerlich auch bei Materialisationen, die wohl den unmittelbaren Zusammenhang des sich manifestierenden Individuums mit dem Medium voraussetzen; hier wie auch bei den meisten gewöhnlicheren Kundgebungen ist der prompte Erfolg durchaus willkürlicher »Zitation« wohl regelmäßig auf Betrug durch die nachmenschlichen Persönlichkeiten niederen Grades zu deuten, die in dem Medium mitexistieren. Ein sehr leistungsfähiges Medium muß nach der philosophischen Einsicht aufgefaßt werden als ein menschliches Individuum, an dem nachmenschliche Individuen n i e d e r s t e n G r a d e s überwiegenden (illusorischen) Wesensanteil im Sinne der teilweisen Identifizierung haben, und dessen eigentlich m e n s c h l i c h e s Ich (aus Schwäche) dazu neigt, dem einen oder andern von diesen die Herrschaft über seine (des Mediums) Körperlichkeit allein zu überlassen.

Die »Materie«, das Stoffliche, Körperliche, ist nach philosophischer Erkenntnis in Wahrheit nichts Wesenhaftes, sondern etwas rein Illusorisches, ja etwas Negatives als Selbstbewußtseinsbeschränkung des realen Seins. Je undichter im materiellen Sinne ein Gebilde ist, desto »realer« ist es also (desto näher steht es, als illusorisches Gebilde, der Realität). Auch dieser Tatsache wird ein philosophisch belehrter Okkultist bei seinen Beobachtungen stets eingedenk bleiben müssen, und ihre Verwertung an Stelle der gerade entgegengesetzten Auffassung des naturwissenschaftlichen Materialismus wird die Beurteilung zahlreicher okkulter Phänomene nicht nur von Grund aus verändern, sondern sie auch erleichtern.

Die Bezeichnungen »Genius«, »Schutzgeist«, »Geistiger Führer« oder »Geistiger Freund«, die sich die angeblichen Urheber der mediumistischen Mitteilungen (durch alphabetisches »Tischklopfen«, durch den »Psychographen« – eine zu diesem Zweck konstruierte Buchstabier-Maschine – oder durch »Trance-Reden« oder »mediales Schreiben«) gewöhnlich beilegen, entspricht der Rolle, die nach den Ergebnissen des reinen Denkens die nachmenschlichen Subjekt-Objekte h ö h e r e n Entwicklungsgrades in ihrer einzelmenschlichen Wirkungssphäre spielen; da es sich aber aus den bereits erwähnten Gründen in der Regel nicht um solche Individuen h ö h e r e n Grades handeln kann, ist meist nur ein mutwilliger, boshafter oder hinterlistiger Mißbrauch der hochtönenden Titel durch nachmenschliche Individuen n i e d e r s t e r Grade anzunehmen: wobei aber dieser Mißbrauch indirekt die Existenz der e c h t e n »Genien« und »Geistigen Führer« bestätigt. Daß es den Urhebern der mediumistischen Mitteilungen fast immer nur um Ulk und Unfug in einer imponierenden Maske, um Irreführung und Willensknechtung allzu leichtgläubiger Sitzungsteilnehmer, um Verleitung zu Torheiten oder Schlechtigkeiten zu tun ist, und daß sich in den allermeisten Fällen diese ihre Minderwertigkeit und Verlogenheit auch bald genug herausstellt, weiß jeder erfahrene Kenner des Mediumismus. Zuweilen aber – freilich nur als seltene Ausnahme und bei Anlässen von ernsterer Bedeutung – manifestieren sich auch Individuen, die in der Tat geistig überlegen, wahrheitsliebend und guten Willens scheinen; ob es sich in solchen Fällen wirklich um nachmenschliche Subjekt-Objekte h ö h e r e n Entwicklungsgrades handelt oder nur um besonders schlaue und vorsichtige Formen der Täuschung, bleibe dahingestellt. Möglich ist es ja immerhin, daß auch hochentwickelte nachmenschliche Persönlichkeiten sich ausnahmsweise sinnenfälliger Mittel statt der unmittelbaren gedanklichen Einwirkung bedienen, um ihren höheren Zweck sicherer oder nachdrücklicher zu erreichen.

Jedenfalls aber bestätigen die d u r c h s c h n i t t l i c h e n Erfahrungen, die man mit den »Intelligenzen« des Mediumismus macht, die Richtigkeit der logischen Feststellung, daß a l l e menschlichen Subjekt-Objekte, auch die minderwertigsten, sich über den Tod hinaus zu Einheiten höheren Grades weiterentwickeln, und nicht etwa nur einzelne hochstehende Menschen, wie manche Denker meinten.

Die ohne künstliche Mittel eintretende Ausschaltung des normalen Bewußtseins des Mediums im sogenannten »Trance«-Zustand dokumentiert immer die radikale »Besessenheit« seiner Persönlichkeit seitens eines nachmenschlichen Individuums, das als teilweise identisch in dieser Persönlichkeit mitexistiert: während bei dem früher als »Ich-Spaltung« erwähnten, in a l l e n Menschen rein gedanklich sich abspielenden Widerstreit des eigentlich menschlichen Ich-Willens (des augenblicklichen Willens des jeweiligen menschlichen »Erfahrungsichs«) mit der inneren Willenskundgabe eines oder mehrerer mit dem betreffenden Menschen teilweise identischen nachmenschlichen Individuen der eigentlich menschliche Ich-Wille jenem beziehungsweise jenen anderen Willen noch in gleicher Kraft gegenübersteht. Unter den völligen Ausschaltungen des normalen Ichs im »Trance«-Zustand sind die auffallendsten und überzeugendsten die » T r a n c e - R e d e n « der Medien und die medialen » M a t e r i a l i s a t i o n e n «. Bei den e r s t e r e n bedient sich eines der innewohnenden nachmenschlichen Individuen der natürlichen Sprechorgane des Mediums zu einer selbständigen Ansprache, deren Inhalt dem normalbewußten Ich des Mediums nachweisbar durchaus ferne liegt, ja oft durchaus unzugänglich ist, die sich ferner durch fremden Stimmklang und völlig andere Ausdrucksweise von den bezüglichen normalbewußten Eigentümlichkeiten des Mediums unterscheidet und häufig auch in einer fremden Sprache erfolgt, von der dem normalen Ich des Mediums kein Wort bekannt ist. Benützt hier das betreffende nachmenschliche Individuum zu seiner Manifestation nur grobmaterielle Organe des Mediums, die auch dessen normalbewußtes menschliches Ich zu gebrauchen versteht, so bildet die Grundlage einer von einem nachmenschlichen Individuum bewirkten medialen » M a t e r i a l i s a t i o n « sehr wahrscheinlich jene feinere, »realere« Materie der Körperlichkeit des Mediums, d i e d i e s e s m i t i h m g e m e i n -

s a m   h a t, die aber dem normalen menschlichen Bewußtsein des Mediums noch nicht zugänglich ist; die bisherigen okkultistischen Beobachtungen sprechen dafür, daß das nachmenschliche Individuum bei der »Materialisation« zunächst einen großen Teil dieser gemeinsamen feinmateriellen Körperlichkeit (die weniger dicht ist als die atmosphärische Luft) »exteriorisiert« (das heißt: dem Körper des Mediums entzieht, a u ß e r h a l b dieses Körpers verlegt) und dann nebst der (gleichen, homogenen) Feinmaterie seiner übrigen (n i c h t mit dem Medium gemeinsamen) Körperlichkeit zu dem betreffenden Materialisationsgebilde v e r d i c h t e t (zusammenzieht), wobei aber eine Verbindung mit dem Körper des Mediums erhalten bleibt, die aus u n v e r d i c h t e t e r Feinmaterie derselben Art besteht. Daß eine menschenähnliche Materialisation von der in unseren früheren Darlegungen bezeichneten ideal vollkommenen Übereinstimmung mit der letztbekannten äußeren Erscheinung eines Verstorbenen jene nachmenschliche Persönlichkeit zum Urheber habe, zu der er sich nach dem Tode weiterentwickelte, muß, wenn der Charakter des Mediums hinreichend bekannt und von dem (menschlichen) Charakter des Verstorbenen durchaus verschieden ist, auch keine Verwandtschaft oder sonstige nähere Beziehung zwischen beiden bestand, nach den philosophischen Denkergebnissen für s e h r   u n w a h r s c h e i n l i c h erklärt werden; ist doch die Materialisation eines nachmenschlichen Individuums durch ein Medium als abhängig von einer »realeren« Wesensidentität mit diesem anzunehmen, welche Wesensidentität Charakterverwandtschaft im menschlichen Sinne zur Voraussetzung hat (wenigstens bei jenen ersten nachmenschlichen Entwicklungsgraden, die für Materialisationsphänomene wohl allein in Betracht kommen können). Aber auch wenn der Charakter des Mediums nicht hinreichend oder überhaupt nicht bekannt ist (letzteres etwa beim Erscheinen eines solchen täuschend ähnlichen Phantoms o h n e feststellbares Medium a u ß e r h a l b okkultistischer oder spiritistischer Sitzungen), oder wenn das (bekannte) Medium tatsächlich mit dem Verstorbenen charakterverwandt oder blutsverwandt ist oder in sonstigen nahen Beziehungen zu ihm stand, vermag die philosophische Einsicht kein neues Kriterium für die sichere Urheberschaft jener nachmenschlichen Persönlichkeit zu liefern, zu der sich der Verstorbene weiterentwickelt hat; es bleibt da eben nach wie vor die Möglichkeit offen, daß die betreffende plastische Kopie von einem a n d e r e n nachmenschlichen Individuum geformt und »als Maske getragen« wird. Allerdings kann die anscheinend endgiltige Unmöglichkeit dieses »Identitätsnachweises« nur die sinnlich anspruchsvollsten Freunde des Unsterblichkeitsgedankens enttäuschen, denn eine solche (ohnehin nur sehr mittelbare) sinnenfällige Demonstration ist zur a l l g e m e i n e n Überzeugung von der persönlichen Fortexistenz (richtiger: Fortentwicklung) gar nicht nötig, sprechen doch für diese, wie gezeigt wurde, schon genug reinlogische Notwendigkeiten, die zudem durch a n d e r e okkulte Phänomene vollkommene Bestätigung finden.

Beim gewöhnlichen » m e d i a l e n S c h r e i b e n « bleibt, wie bereits erwähnt, das menschliche Erfahrungsich des Mediums in der Regel b e w u ß t, wenngleich die Alleinherrschaft über die schreibende Hand, also wohl auch hier die Alleinherrschaft über die gemeinsame Feinmaterie (die aber in diesem Falle nicht oder nur in geringem Maße exteriorisiert ist) dem betreffenden nachmenschlichen Individuum überlassen wird, und die f r e m d e Persönlichkeit, die am Werke ist, deutlich genug sich kundgibt in dem der Niederschriften und deren stilistischen Eigentümlichkeiten, im besonderen Charakter der Handschrift und oft auch in schreibtechnischen Abnormitäten (zum Beispiel sehr schnellem Schreiben mit der linken Hand unter Einklemmung des Bleistifts zwischen Mittelfinger und Zeigefinger). Dagegen pflegt das Phänomen der » d i r e k t e n S c h r i f t «, das reichliche Exteriorisation von Feinmaterie voraussetzt, im »Trance«-Zustand zu erfolgen.

Von mediumistischen Mitteilungen (durch buchstabierendes Klopfen, durch den »Psychographen« oder durch mediales Schreiben), die den Charakter p r i m i t i v e n M u t w i l l e n s u n d U n f u g s tragen, war bereits im Vorigen die Rede; zu d e r s e l b e n Klasse von Phänomenen zählen auch die meisten r e i n p h y s i k a l i s c h e n » S p u k - E r s c h e i n u n g e n «, die seitab von aller wissenschaftlichen Séancen-Feierlichkeit und bezeichnenderweise meist im derbsten Bauern-Milieu immer wieder beobachtet werden, und bei welchen es sich um die (oft sehr heftige) Bewegung von Gegenständen ohne (wahrnehmbare) Berührung, also um sogenannte » T e l e k i n e s e « (das heißt: von ferne her bewirkte Bewegung, bewegende Fernwirkung) handelt. Es werden da beispielsweise Menschen oder Haustiere »von unsichtbarer Hand« mit Kartoffeln, Äpfeln, Rüben, Holzscheiten oder Steinen beworfen, Tische und Stühle werden vom Platze bewegt, Gläser, Krüge und Töpfe werden durcheinandergeworfen, Wirtschaftsgeräte durch die Luft geschleudert, alles im Sinne einer plumpen Büberei, die ärgern und erschrecken oder auch nur »sich austoben« will. Gründlichste Untersuchung durch Polizeileute und Sachverständige hat da regelmäßig die Abwesenheit menschlicher, normal »arbeitender« Störenfriede festgestellt, aber auch immer die Anwesenheit einer medial veranlagten Person, an die das Auftreten der Spukerscheinungen gebunden erschien, ohne daß dieses Medium selbst aktiv dabei beteiligt war (was sich um so leichter feststellen ließ, als die Spukerscheinungen sich gewöhnlich während der offiziellen Untersuchung fortsetzten). Nach den Feststellungen des reinen Denkens ist klar, daß es sich da ganz wie bei jenen medialen M i t t e i l u n g e n bübisch-mutwilliger Art um derbe Späße und Bosheiten eines n a c h m e n s c h l i c h e n   S u b j e k t - O b j e k t s   n i e d e r s t e n G r a d e s handeln muß, das m i t   d e m   b e t r e f f e n d e n   M e d i u m   t e i l w e i s e   i d e n t i s c h ist. Es ergab sich uns als logische Folgerung, daß die feinere, das heißt: »realere« Körperlichkeit jedes nachmenschlichen Subjekt-Objekts auch die entsprechende »realere« Körperlichkeit von u n t e r m e n s c h l i c h e n (organischen und anorganischen) E i n z e l d i n g e n seiner näheren oder weiteren Umgebung (diese »Umgebung« im Sinne unserer menschlichen Erfahrung gedacht) in sich begreift; und da im vorliegenden Falle auch ein (entsprechend »realerer«) Teil der Körperlichkeit des M e - d i u m s dieser Körperlichkeit des nachmenschlichen Subjekt-Objekts angehört, so besteht schon v o r dem Auftreten der Spukphänomene eine m i t t e l b a r e (durch das nachmenschliche Individuum, nämlich durch seine partielle Wesensidentität mit dem Medium hergestellte) Verbindung zwischen dem Medium und den (später bewegten) Gegenständen und eine u n m i t t e l b a r e zwischen dem mit dem Medium teilweise identischen nachmenschlichen Individuum und denselben Gegenständen. Soll das nachmenschliche Individuum die »Kraft« gewinnen, die Gegenstände im g r o b m a t e r i e l l e n Sinn unserer Erfahrung in B e w e g u n g zu setzen (welche »Kraftgewinnung« freilich im r e a l e n Sinne eine S c h w ä c h u n g bedeutet, bei der n e g a t i v e n Bedeutung alles Materiellen, also auch der materiellen »Kräfte«), so ist dazu nur nötig, daß es ihm möglich wird, die »realere« Feinmaterie seiner

Körperlichkeit durch entsprechende teilweise Exteriorisation aus dem Körper des Mediums außerhalb dieses Körpers an zweckmäßiger Stelle zu einer grobmateriellen »Kraftwirkung« zu verdichten (also »weniger real« zu machen), welche grobmaterielle »Kraftwirkung« dann die menschlich beobachtete Bewegung herbeiführt; hierzu aber bedarf es wieder nur der hinreichenden »medialen (passiven) Nachgiebigkeit« des Mediums. Und ebenso logisch begreiflich, ja logisch notwendig ist bei der schon früher betonten Bedeutung der Charakterverwandtschaft für die partielle Identifizierung unmittelbar nach dem Tode das primitiv boshafte Gepräge dieser Phänomene in einer Volksschicht, in der auch die Erwachsenen, wenn sie minderwertig sind, zeitlebens rohe Buben bleiben; wird doch bei solchen ländlichen Spukerscheinungen als Medium sehr häufig eine Person festgestellt, der man wegen ihres bekanntermaßen boshaften oder albern-mutwilligen Charakters auch selber die absichtliche und eigenhändige Verübung des Unfugs zutrauen könnte, wenn nicht die völlig abnorme Natur der Phänomene diese Möglichkeit ausschlösse. Trotz aller offensichtlichen Unmöglichkeit pflegen auch die Bauersleute das jeweilige Medium der persönlichen und absichtlichen Ausführung der Bübereien zu bezichtigen: und ohne Zweifel lag dem alten Hexenwahn ursprünglich dasselbe tragische, schuldig-unschuldige Verhältnis zugrunde. Mindestens die ersten »Hexen« des Mittelalters waren sicher solche Medien von niederen Spukerscheinungen; man überzeugte sich wohl schon damals, daß die unheimlichen und anscheinend feindseligen Phänomene durch die Nähe des meist schon vorher nicht ohne Grund unbeliebten Mediums bedingt waren; bei der natürlichen Unerklärbarkeit der Vorgänge und der kirchlichen Phantastik der Zeit mußte man einen Bund mit dem »Teufel« annehmen, und der ganze unselige Hexenglaube war fertig. – Einen interessanten Überblick über die bezeichnendsten Ergebnisse der neueren okkultistischen Experimentalforschung auf dem Gebiet der »Telekinese« bietet das bereits an früherer Stelle erwähnte Buch des Freiherrn Dr. A. von Schrenck-Notzing »Physikalische Phänomene des Mediumismus«; bedeutsam sind da namentlich die Einzelbeobachtungen über die Verdichtung der feinmateriellen Verbindung zwischen dem Körper des Mediums (oder, wie man ebensogut sagen könnte: zwischen der feinmateriellen Körperlichkeit des im Medium mitexistierenden nachmenschlichen Subjekt-Objekts) und dem Gegenstande, der bewegt werden soll.

Das räumliche Fernsehen eines Menschen ist nach unseren logischen Feststellungen einfach dadurch zu erklären, daß ein mit diesem Menschen teilweise identisches nachmenschliches Subjekt-Objekt kraft der Allgegenwart (räumlichen Identität), die ihm als solchem in gewissen Grenzen eigen ist, die Kenntnis des (für den betreffenden Menschen) entfernten Gegenstandes liefert, wobei es das beschränktere Normalbewußtsein des »fernsehenden« Menschen vorübergehend in mehr oder minder vollkommenem Maße auf seinen Standpunkt zieht. Voraussetzung ist auch hier (wie bei der gewöhnlichen Medialität) die Veranlagung zur Hingabe an das (nur teilweise mit dem betreffenden Menschen identische) nachmenschliche Subjekt-Objekt; daß es sich auch hier im Grunde um nichts anderes als um Mediumismus handelt, zeigt sich auch darin, daß man an den Fernsehenden dieselbe Umstellung der Augen zu konvergierendem Einwärtsschielen beobachten kann wie bei Medien im »Trance«-Zustand. Nun ist aber naturgemäß die unmittelbare Kenntnis des betreffenden Gegenstandes durch »realere« Identität mit ihm, also »von innen heraus«, wie sie dem betreffenden nachmenschlichen Subjekt-Objekt eigentümlich ist, etwas völlig Andersartiges als das menschliche (bloß objektive, weniger reale) Vonaußensehen; es muß daher bei vollkommenem Fernsehen im Sinne der menschlich-objektiven Richtigkeit eine vollkommene Übersetzung der ersteren, »realeren« Kenntnis in die menschlich-objektive Form der »äußeren Ansicht« erfolgen: und es muß – wenn unsere Erklärung des Phänomens richtig ist – bei unvollkommenem Fernsehen die nicht ganz geglückte Übertragung und das Wesen der anderen, nicht objektiven Wahrnehmungsweise deutlich hervortreten. Dies wird aber tatsächlich durch die Erfahrung bestätigt, denn bei unvollkommenem Fernsehen ist regelmäßig zu beobachten, daß wohl allerlei (illusorische) Wesenseigenschaften des Gegenstandes richtig bezeichnet werden, aber nicht der Gegenstand in seiner Gesamtheit, wie er sich als Einzelobjekt (Einheitsvorstellung} im Sinne der menschlich-illusorischen Erfahrungswelt »von au-

ßen« darstellt (während eben für das betreffende n a c h m e n s c h -
l i c h e Subjekt-Objekt diese illusorische Einheitsvorstellung bereits
in der höheren Einheit seines Eigenwesens »aufgelöst« ist).

Auch die » p s y c h o m e t r i s c h e n « Erscheinungen (hellsehen-
des Gewinnen jedes beliebigen Aufschlusses über einen räumlich
oder zeitlich entfernten Gegenstand oder eine räumlich oder zeitlich
entfernte Persönlichkeit mittels eines unmittelbar zugänglichen
anderen Gegenstandes, der sich damit in Kontakt befand) bieten
nach unseren philosophischen Einsichten keine Erklärungsschwie-
rigkeiten. Da nämlich jedes Subjekt-Objekt unserer menschlichen
Illusionssphäre als solches besondere Wirkungen auf alle übrigen
Subjekt-Objekte dieser Sphäre ausübt und an oder in ihnen besondere Eindrücke seines (illusorischen) Wesens hinterläßt, diese emp-
fangenen Eindrücke von der (illusorischen) Wesenswirksamkeit
jenes Subjekt-Objekts aber am deutlichsten und reichhaltigsten an
oder in einem anderen Subjekt-Objekt (gleicher Sphäre) sein müssen, das i n u n m i t t e l b a r e m K o n t a k t m i t i h m stand, so
braucht der psychometrisch hellsehende Mensch nur die Fähigkeit
zu erlangen, die Einwirkungen des untersuchten Gegenstands auf
den unmittelbar gegebenen zu erkennen und richtig zu deuten.
Seinem normalen menschlichen Ich ist nur die Erkenntnis und richtige Deutung von g r o b materiellen Spuren entsprechend g r o b -
materieller Einwirkungen zugänglich (man denke an die Leistungen
virtuoser Detektivs, die aus minimalsten hinterlassenen Einwirkungen das vollständige Bild des Menschen entwickeln, der sie verur-
sachte); tritt aber wieder an Stelle dieses normalen menschlichen
Ichs ein in »realerem« Sinne teilweise damit identisches n a c h -
m e n s c h l i c h e s Subjekt-Objekt in Aktion, so erscheint auch das
Erkennen und richtige Deuten feiner und feinster äußerer und innerer Einwirkungen auf den vermittelnden Gegenstand möglich.

Daß alle okkulten Erscheinungen des i n n e r e n Fernsehens
(»Gedankenlesen«) und der i n n e r e n Fernwirkung (»Telepathie«,
»Gedankenübertragung«, Weckung von Gefühlen und Vorstellungen in dem inneren Erfahrungsich eines räumlich entfernten Menschen ohne äußere Vermittlung) nach den Ergebnissen des philosophischen Denkens sehr einfach zu deuten sind, bedürfte kaum einer
besonderen Erwähnung; es ist klar, daß auch hier wieder die Leis-
tung einem in »realerem« Sinne teilweise mit dem Einzelmenschen

identischen nachmenschlichen Subjekt-Objekt zuzuschreiben ist. Bedeutsam ist bei den Erscheinungen dieser Gruppe (zu welchen auch das vermeintliche äußere Sehen des »Doppelgängers« eines räumlich entfernten Menschen zählt), daß sie meist zwischen zwei Menschen eintreten, d i e i n b e s o n d e r s i n n i g e r s e e l i - s c h e r G e m e i n s c h a f t leben, sodaß man annehmen kann, daß einunddasselbe nachmenschliche Subjekt-Objekt zum Teil das »rea- lere« Wesen von b e i d e n ist: womit die »Übertragung«, ja die a n n ä h e r n d e G e m e i n s a m k e i t von Gedanken, Gefühlen und Vorstellungen, wie sie die Erfahrung so häufig zwischen Lie- benden oder zwischen Eltern und Kindern zeigt, sich schon unmit- telbar aus dem Z u s a m m e n h a n g d e s » r e a l e r e n W e - s e n s « ergäbe.

Ferner wurde an früherer Stelle ausgeführt, daß jedem n a c h - m e n s c h l i c h e n Subjekt die jeweils z e i t l i c h f e r n l i e g e n - d e n (zukünftigen oder vergangenen) Vorgänge der menschlichen Erfahrungswelt in gewissem Umfang und gewissem Be- stimmtheitsgrade g e g e n w ä r t i g sein müssen, und zwar in desto weiterem Umfang und desto bestimmter, je höher der Entwick- lungsgrad des betreffenden nachmenschlichen Subjekt-Objekts ist. Hierdurch können aber auch die okkulten Phänomene des z e i t l i - c h e n F e r n s e h e n s in die Zukunft und Vergangenheit (Prophe- zeiungen, Wahrsagen, Ahnungen, »Wahrträume«) ihre Erklärung finden, denn sobald ein in dem betreffenden Menschen teilweise »realer« mitexistierendes nachmenschliches Subjekt-Objekt hinrei- chend hohen Entwicklungsgrades durch entsprechende passive Nachgiebigkeit des menschlichen Erfahrungsichs die persönliche Führung erhalten und für den betreffenden Menschen erkennend in Aktion treten kann, ist die logische Möglichkeit des menschlichen Fernsehens nicht nur in die Vergangenheit, auch in die Zukunft b i s z u e i n e m g e w i s s e n G r a d e gegeben. Freilich soll damit keineswegs dem Betrug und der Selbsttäuschung das Wort geredet werden, die gerade beim Prophezeien, Wahrsagen und »Ahnen« erfahrungsgemäß vorherrschen, um derentwillen aber die erwiese- nen e c h t e n Erscheinungen dieser Art nicht unbeachtet bleiben dürfen. Die Phänomene des »zweiten Gesichts« wären als Sonder- fälle des Fernsehens in die Zukunft, bei welchen der betreffende künftige Vorgang meist in symbolischer Einkleidung wahrgenommen wird, sicher auf dieselbe Weise erklärbar. Das gleichfalls schon an früherer Stelle erwähnte »Geistertheater« (das einen grellen Vorgang der Vergangenheit an seinem Schauplatz scheinbar sinnenfällig vorführt) kann entweder ebenso durch die unmittelbar vergegenwärtigende Fähigkeit eines mit dem betreffenden »Geisterseher« teilweise identischen nachmenschlichen Subjekt-Objekts erklärt werden oder auch – und zwar noch wahrscheinlicher – auf dieselbe Weise wie die »psychometrischen« Erscheinungen, wobei dann (freilich in potenziertem Maße) d i e   i n   d e m   b e t r e f f e n d e n Schauplatz   erhalten   gebliebenen   Wirkungen (Spiegelungen) des Ereignisses dem (mit dem späteren Zuschauer teilweise identischen) nachmenschlichen Subjekt-Objekt die Möglichkeit geben, den Vorgang in vollkommener sinnlicher Treue vor dem »inneren Auge« des betreffenden Menschen zu reproduzieren.

Wiewohl sich die letzteren Ausführungen auf allgemeine Andeutungen beschränken mußten, dürften sie doch von der orientierenden Bedeutung überzeugt haben, welche die reinlogische Untersuchung unserer Erfahrungswelt für die okkultistische Experimentalforschung gewinnen kann. Früher oder später wird diese Arbeitsgemeinschaft auch sicher eintreten, ja unsere Gegenwart scheint bereits die dafür nötigen Voraussetzungen zu schaffen. Der Okkultismus wird schon heute wissenschaftlich ungleich höher geachtet als um die Jahrhundertwende, seine volle Anerkennung ist nur mehr eine Frage kurzer Zeit: und manche Zeichen deuten darauf hin, daß auch die offiziellen Lehrmeister des spekulativen Denkens sich darauf besinnen wollen, das logisch Haltbare aus dem bunten Wirrwarr der philosophischen Systeme zu lösen und als d a s System wissenschaftlich zu vertreten. Sobald das aber geschieht und seine Früchte trägt, wird die Philosophie an unseren modernen Hochschulen nicht mehr das bloß geduldete und vielverspottete Aschenbrödel unter den Wissenschaften sein; das Königinnenkleid wird sie dann anlegen, das ihr an der Wiege versprochen war, und Hand in Hand mit ihrem tapfern, einst nicht minder verhöhnten, nun aber siegreichen jungen Bruder vor aller Welt sich zeigen.

Über tredition

Eigenes Buch veröffentlichen

tredition wurde 2006 in Hamburg gegründet und hat seither mehrere tausend Buchtitel veröffentlicht. Autoren veröffentlichen in wenigen leichten Schritten gedruckte Bücher, e-Books und audio-Books. tredition hat das Ziel, die beste und fairste Veröffentlichungsmöglichkeit für Autoren zu bieten.

tredition wurde mit der Erkenntnis gegründet, dass nur etwa jedes 200. bei Verlagen eingereichte Manuskript veröffentlicht wird. Dabei hat jedes Buch seinen Markt, also seine Leser. tredition sorgt dafür, dass für jedes Buch die Leserschaft auch erreicht wird.

Im einzigartigen Literatur-Netzwerk von tredition bieten zahlreiche Literatur-Partner (das sind Lektoren, Übersetzer, Hörbuchsprecher und Illustratoren) ihre Dienstleistung an, um Manuskripte zu verbessern oder die Vielfalt zu erhöhen. Autoren vereinbaren direkt mit den Literatur-Partnern die Konditionen ihrer Zusammenarbeit und partizipieren gemeinsam am Erfolg des Buches.

Das gesamte Verlagsprogramm von tredition ist bei allen stationären Buchhandlungen und Online-Buchhändlern wie z. B. Amazon erhältlich. e-Books stehen bei den führenden Online-Portalen (z. B. iBookstore von Apple oder Kindle von Amazon) zum Verkauf.

Einfach leicht ein Buch veröffentlichen: **www.tredition.de**

Eigene Buchreihe oder eigenen Verlag gründen

Seit 2009 bietet tredition sein Verlagskonzept auch als sogenanntes "White-Label" an. Das bedeutet, dass andere Unternehmen, Institutionen und Personen risikofrei und unkompliziert selbst zum Herausgeber von Büchern und Buchreihen unter eigener Marke werden können. tredition übernimmt dabei das komplette Herstellungs- und Distributionsrisiko.

Zahlreiche Zeitschriften-, Zeitungs- und Buchverlage, Universitäten, Forschungseinrichtungen u.v.m. nutzen diese Dienstleistung von tredition, um unter eigener Marke ohne Risiko Bücher zu verlegen.

Alle Informationen im Internet: **www.tredition.de/fuer-verlage**

tredition wurde mit mehreren Innovationspreisen ausgezeichnet, u. a. mit dem Webfuture Award und dem Innovationspreis der Buch Digitale.

tredition ist Mitglied im Börsenverein des Deutschen Buchhandels.

Dieses Werk elektronisch lesen

Dieses Werk ist Teil der Gutenberg-DE Edition DVD. Diese enthält das komplette Archiv des Projekt Gutenberg-DE. Die DVD ist im Internet erhältlich auf **http://gutenbergshop.abc.de**

Zeitfracht Medien GmbH
Ferdinand-Jühlke-Straße 7
99095 Erfurt, Deutschland
produktsicherheit@kolibri360.de